大学入試

ゼロから覚醒

はじめよう

英文法

東進ハイスクール
土岐田健太

かんき出版

はじめに

皆さん、こんにちは！　僕はふだん、映像授業や予備校の授業を通して、「将来通用する英語」を身につけてもらうことをモットーに指導をしています。

現在は主に東大英語をはじめとする難関国立大英語や早慶大英語などの講座を担当し、毎年難関大学に合格者を多数輩出しています。英文法だけではなく、長文、自由英作文、リスニング、共通テスト、IELTS や TOEFL 対策の講座も担当しています。また、中高一貫校の中高生から留学準備をする大学生、国内や海外の大学や大学院で研究する大人のコーチングなど、あらゆるレベルの方を指導しています。

こんな風に聞くと、「きっと英語が得意な人ばかり教えてきたんでしょう？」と思う人がいるかもしれません。しかし、実際には「英語が苦手」という生徒と毎年向き合い、英語を武器に活躍できる人を育てています。この仕事の喜びは「英語が苦手」と言っていた人が成長し、合格や留学などの目標を実現していく姿を見ることです。

本書を手にとってくださった皆さんは英語に対してどんなイメージを持っているでしょうか？「英語が大嫌い」、「文法を勉強して何の役に立つのか」と思う人もいるかもしれません。この本はそんな人でも読み進めることができるように、基本事項からわかりやすく、文法の大切さが実感できるように解説しています。

英文法の入門書では、問題自体は実際の入試問題よりも簡単なことも多く、入試では太刀打ちできないと嘆く生徒の相談を毎年受けています。この本の単元の最後に実践的な入試問題を入れてあるのも、「実践を意識した文法の理解」を深めてもらうためです。プロのアスリートは「練習から本番を意識している」という話を耳にします。本書では入門書でありながら、「大学入試でも通用する」知識を身につけることを目指していきます。

この本が、皆さんの英文法に対するマインドを覚醒させる 1 冊になることを祈っています。

土岐田　健太

[この本の対象読者]

この本は、受験勉強を始めようと思ったとき、最初に読み通してほしい講義本です。特に学年は関係なく、英語に苦手意識を持つ人や、もう一度英語を勉強したいという学び直しの方にも手に取っていただきたい本です。早ければ高 1 から、受験勉強を始めた高 2 や高 3 の皆さんも安心して使ってください。特に、次のような方には最適です。

■ゼロから英文法の勉強を始めたい
■英文法に不安があるのでやり直したい
■英文法では何を勉強すべきなのか、全体像を知りたい
■入試レベルの英文法の問題を解けるようになりたい

[この本の特長]

特長 1　基本の文法事項を重視

➡英語が苦手な人がつまずきやすい部分をわかりやすくまとめた解説が特長です。例えば、「品詞」の勉強は退屈かもしれませんが、品詞がわかると文法事項の多くがスムーズに理解できるようになります。ですから、本書では「最重要単元」として扱います。そして、どこでそれが役立つのかを含めて解説していきます。

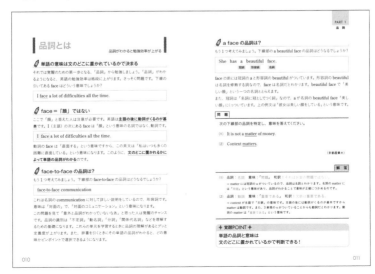

特長2　英文法が立体的に浮かび上がる

➡体系的な知識が身につくのが特長です。例えば、関係代名詞の前にその基礎となる代名詞や疑問詞などを扱うことによって、難しい単元も基礎からうまくつながるように工夫しています。いきなり「すべてを覚えよう」という方針ではなく、最も重要なところがきちんと知識として体系化するように解説していきます。

この本では、次のような記号やカッコを使って解説しています。
- **S** → 主語
- **V** → 動詞
- **O** → 目的語
- **C** → 補語
- **M** → 修飾語
- **Ving** → 動詞の ing 形
- **p.p.** → 動詞の過去分詞
- （　　　）→副詞のカタマリ（副詞句、副詞節）
- ［　　　］→形容詞のカタマリ（形容詞句、形容詞節）
- 〈　　　〉→名詞のカタマリ（名詞句、名詞節）
- ｛　　　｝→省略可

［形容詞＋名詞］や［be 動詞＋Ving］などのように、文法上の決まりには黒の［　　　］をつけています。

特長3　実践的な入試問題が解ける

➡入試問題は最新の問題を中心に選び、今後も出題されそうなものを厳選しました。例えば、仮定法では if 節なしの潜在仮定法や倒置などは当たり前のように出題されています。そのような問題にも正解できる力がつくような問題を掲載しています。

Contents ·

品詞とは

 単語の意味は文のどこに置かれているかで決まる

それでは覚醒のための第一歩となる、「品詞」から勉強しましょう。「品詞」がわかるようになると、英語の勉強効率は格段に上がります。さっそく問題です。下線の引いてある face はどういう意味でしょうか?

I face a lot of difficulties all the time.

 face = 「顔」ではない

ここで「顔」と答えた人は注意が必要です。英語は**主語の後に動詞がくるのが基本**です。I（主語）の次にある face は「顔」という意味の名詞ではなく、動詞です。

I face a lot of difficulties all the time.

動詞の face は「直面する」という意味ですから、この英文は「私はいつも多くの困難に直面している」という意味になります。このように、**文のどこに置かれるかによって単語の品詞がわかる**のです。

 face-to-face の品詞は?

もう 1 つ考えてみましょう。下線部の face-to-face の品詞はどうなるでしょうか?

face-to-face communication

これは名詞の communication に対して詳しい説明をしているので、形容詞です。意味は「対面の」で、「対面のコミュニケーション」という意味になります。

この問題を見て「意外と品詞がわかっていないなあ」と思った人は覚醒のチャンスです。品詞の識別は「不定詞」「動名詞」「分詞」「関係代名詞」などを理解するための基礎になります。これらの単元を学習するときに品詞の理解があるとグッと定着度が上がります。また、辞書を引くときにその単語の品詞がわかると、どの意味かピンポイントで選択できるようになります。

🖍 a face の品詞は?

もう1つ考えてみましょう。下線部の a beautiful face の品詞はどうなるでしょうか?

> She　has　a　beautiful　face.
> 　　　　　　　冠詞　　形容詞　　　名詞

face の前には冠詞の a と形容詞の beautiful がついています。形容詞の beautiful は名詞を修飾する詞なので、face は名詞だとわかります。beautiful face で「美しい顔」という一つの名詞ととらえます。

また、冠詞は「名詞に冠としてつく詞」なので、a が名詞の beautiful face「美しい顔」にくっついています。上の例文は「彼女は美しい顔をしている」という意味です。

問　題

次の下線部の品詞を特定し、意味を答えてください。

(1)　It is not a <u>matter</u> of money.

(2)　Context <u>matters</u>.

（京都産業大）

解　答

(1)　品詞：名詞　意味：「問題」　和訳：それはお金の問題ではない。

　　➡ matter には冠詞の a がついているので、品詞は名詞とわかります。名詞の matter には「問題」という意味があり、品詞がわかることで意味が正確につかめるのです。

(2)　品詞：動詞　意味：「重要である」　和訳：文脈は重要である。

　　➡ context が主語で「文脈」の意味です。主語の後には動詞がくるのが基本ですから matter は動詞です。また、3単現の s がついていることからも動詞だとわかります。動詞の matter は「重要である」という意味です。

✦ 覚醒POINT ✦

単語の品詞と意味は
文のどこに置かれているかで判断できる!

名詞

名詞は英文の主役になる

物や人の名前を表す詞を「**名詞**」といいます。名詞は英文の主役になる存在です。物には「textbook（教科書）」や「notebook（ノート）」など呼び名があり、その名称によって人は物を区別しています。Jane のような人名や England などの地名も名詞です。

🖍 英語は数にこだわる

名詞には「**数えられる名詞**」と「**数えられない名詞**」の 2 種類があります。英語の物のとらえ方が日本語と異なるからです。例えば、日本語では「犬を飼っている」ことを伝えるとき、「1 匹」か「複数」かを気にしません。ところが、英語は「単数」や「複数」の数を意識して使います。

● a dog 「（たくさんいる中の）1 匹の犬」
● dogs 「（種類がいろいろある）犬」

このように、英語では a をつけたり、複数の s をつけたりして、単数と複数を明確に使い分けます。この考え方は英作文を書く際にも役立ちます。

「数えられない名詞」には「明確な輪郭・形がない」のが特徴です。例えば、「平和」のような抽象的な概念には、冠詞の a はつきません。

冠詞の a[an] がつかない（数えられない）名詞の例

■ peace「平和」　　　■ kindness「親切さ」　　■ love「愛」
■ information「情報」　■ advice「助言」　　　■ hope「希望」
■ progress「進歩」　　■ damage「損害」　　　■ harm「害」

さらに、a と the がつくときの「とらえ方」も重要です。「冠詞」は p.011 で扱ったように、「名詞に**冠**としてつく**詞**」のことです。では、a book と the book の違いを見てみましょう。the book と言うときは、「会話をしている人たちの間で『例の』本」とわかっている場合に使います。「（話題にしていた）例の本だよ」と言いたいときに the をつけるのです。the がついていれば、頭の中で同じ本が浮かんでいることがわかるのです。

● a book 　「（たくさんある中の）１冊の本」
● the book 　「（話し手が聞き手と共通して話題にしている）その本」

太陽のような唯一無二の物にも the がつきます。the sun と言えば、皆の頭の中で「太陽」が共通して思い浮かべられるからです。

🖍 人名や地名は大文字ではじめる

名詞のなかでも、人名や地名などのことを「固有名詞」といいます。その人物や土地に「固有の名前」です。文中でも大文字で始めます。

例：William Shakespeare「ウィリアム・シェイクスピア」
　　England「イングランド」　　　　　　　　※原則 a や the はつけません。

🖍 名詞は３つの役割をこなす

名詞は「**主語・目的語・補語**」の３つの役割をこなします。まずは主語から見ていきましょう。

The musician is famous.
　　S　　　 V　　C
そのミュージシャンは有名です。

英語は主語がきて、次に動詞がくるのが基本です。The musician という名詞が主語で、その次にくる is が動詞です。

次に目的語です。目的語とは日本語の「何を」や「誰を」にあたるものです。

I like your T-shirt.
S　V　　　O
私はあなたのTシャツを好きです。

動詞の like「好む」には、その対象（目的語）が必要です。上の文では、your T-shirt という名詞が目的語になります。

最後に補語を見ておきましょう。補語とは、主語や目的語を補って説明する語のことです。

My name is Ken.
S   V C

私の名前は**ケン**です。

まず My name is 「私の名前は〜です」と言い、主語である **my name** を補足的に Ken という名詞が補語の役割をして説明しています。

問 題

次の下線部の品詞を特定し、意味を答えてください。

Where there is a <u>will</u>, there is a way.

解 答

品詞：名詞　　意味：「意志」

和訳：意志があるところに道がある。→意志あるところに道は開ける。

➡ この will は助動詞ではありません。冠詞 a がついているので名詞です。辞書には will のいろいろな意味が載っていますが、ここでの意味は「意志」となります。後半に a way がありますが、これも冠詞 a がついているので way は名詞とわかります。意味は「道」です。

✦ 覚醒POINT ✦

冠詞のついている単語の品詞は名詞！

代名詞

代名詞は名詞の代役として使える

英文の主役になる**「名詞」の代わりをするのが「代名詞」**です。英語では同じ語を使い続けることによる単調さを避けるため、代名詞や指示語を使ってバリエーションを持たせます。例えば、最初に Ken と言ったら次に Ken を he という代名詞で受けるのが一般的です。

 主格

次の文を見てください。

> Tom is a good student. He got a full score on the test.
> トムは優秀な学生だ。**彼は**テストで満点を取った。

1 文目と 2 文目のつながりを見てください。Tom と He は同一人物です。1 文目の Tom という名詞を 2 文目では He という代名詞で受けています。ここまでは皆さんもご存じだと思いますが、なぜ上の例では His や Him を使うことができないのか、わかりますか？

上の例では、代名詞が主語の役割をしているので、「主格の代名詞」を使わなくてはなりません。**日本語では「～は / ～が」にあたるもの**です。

 所有格

次の文を見てください。

> Tom is a good student. His sister is a teacher.
> トムは優秀な学生だ。**彼の**姉（妹）は教師だ。

1 文目と 2 文目のつながりを見てください。2 文目はトムの姉（妹）という意味で、「～の」という所有の意味を表しているので、所有格の His が使われています。**所有格は「誰のもの」**なのかを表します。代名詞の所有格は［代名詞の所有格＋名詞］の形で使われます。代名詞の所有格がある場合は冠詞の a や the を使うことはできません。

目的格

次の文を見てください。

> Tom is so kind. I like him.
> トムはとても親切だ。私は**彼を**好きだ。

2 文目は「私は彼（トム）を好きだ」という意味なので、代名詞は目的格の him を使います。上の例のように、「好きだ」という**動詞の目的語（日本語の「〜を /〜に」にあたる）**の場合、目的格の代名詞を使います。

 所有代名詞

次の文を見てください。

> Tom wears my T-shirt. It's mine.
>   所有格 ＋ 名詞   所有代名詞
> トムは私の T シャツを着ている。それは私のものだ。

my T-shirt［所有格＋名詞］が、2 文目では mine になっています。**所有代名詞は［所有格＋名詞］の代役**です。「私のもの」の中に「私の T シャツ」という要素が入っており、後ろに名詞を使う必要はありません。復習を兼ねて、代名詞の格変化表を以下に掲載しておきます。代名詞の格変化は関係代名詞の理解にも役立つので、しっかり覚えておいてください。

		単数		
	主格 （〜は /〜が）	所有格 （〜の）	目的格 （〜を /〜に）	所有代名詞 （〜のもの）
私	I	my	me	mine
あなた	you	your	you	yours
彼 彼女 それ	he she it	his her its	him her it	his hers —

	複数			
	主格 （〜は / 〜が）	所有格 （〜の）	目的格 （〜を / 〜に）	所有代名詞 （〜のもの）
私たち	we	our	us	ours
あなたたち	you	your	you	yours
彼ら / 彼女ら / それら	they	their	them	theirs

| 問　題 |

次の空所に入る代名詞を答えなさい。

(1) Jane is my classmate. I respect (　　).

ジェーンは私のクラスメートです。私は彼女を尊敬しています。

(2) It is (　　) seat.

それは私の席です。

| 解　答 |

(1) her

→この英文では、空欄部分は respect という動詞の目的語になっているので、代名詞の目的格を使います。正解は her です。

(2) my

→直後に名詞の seat があるため、所有格の my を使います。［所有格＋名詞］のときは a や the はつけません。

形容詞

「**形容詞**」とは「**名詞**」を詳しく説明する詞です。**名詞に説明を加える（修飾する）ことができるのは形容詞だけ**です。何がどの名詞を詳しく説明しているのかという「修飾関係」が正確にわかると、英文の内容がきちんと理解できるようになります。

基本的な形容詞の使い方

形容詞を用いて、次の日本文を英文にしてみます。

> ~~ボルト氏は速いランナーだ。~~
> Mr. Bolt is a fast | runner |.
>   形容詞   名詞

ランナーという名詞の前に「速い」という形容詞をつけて、名詞を詳しく説明しています。英文では［**冠詞＋形容詞＋名詞**］の順番で表します。「速い」は fast、「ランナー」は runner ですから fast runner となります。ただし、最初に冠詞の a がつくことに注意が必要です。**形容詞の前に a や the をつけることで、［形容詞＋名詞］を 1 つのパッケージにまとめることができます。** a fast runner で、1 つの名詞のカタマリととらえることができます。

> a fast runner ◀ 1 つの名詞のカタマリとしてパッケージ化

次の英文を見てください。下線部は何を修飾しているか考えてみてください。

> Technology plays an <u>important</u> part in our daily lives.

「修飾関係」は簡単ですね。part は「部分、役割」という意味の名詞です。その名詞を詳しく説明しているのが形容詞の important「重要な」です。important は part を修飾しています。

> Technology plays an <u>important</u> part in our daily lives.
>
> テクノロジーは我々の日常生活において重要な役割を果たしている。

この英文では、形容詞が名詞に対して説明を加えており、[冠詞＋形容詞＋名詞]
の順番で並んでいます。この場合も重要な役割を担うのが冠詞の an です（a は母
音で始まる語の前だと an になります）。

この場合も冠詞が[形容詞＋名詞]を 1 つのパッケージにまとめる役割をしています。
an important part は「**重要な役割**」という **1 つの名詞**ととらえることができます。

> an important part 　　1 つの重要な役割

ちなみに、今回出てきた play an important part は「重要な役割を果たす」とい
う意味で、長文読解などでは「筆者の主張」が述べられている英文などでよく使
われます。

our daily lives も「修飾関係」は an important part と同様です。our は代名
詞の所有格、daily は lives という名詞を詳しく説明する形容詞です。

✦ 覚醒POINT ✦

冠詞には［形容詞＋名詞］をパッケージ化する力がある！

🖍 形容詞の限定用法と叙述用法

形容詞には「限定用法」と「叙述用法」があります。これらは文型を理解するた
めに必要な知識ですので、詳しく説明していきます。

1　限定用法

限定用法とは a cool player「カッコいい選手」のように、形容詞が名詞を修飾す
ることをいいます。名詞に限定的な意味を付け加えるのです。

> Jimmy is a cool player.　　ジミーはカッコいい選手です。
> 　　　　　　形容詞　名詞

いろいろなタイプの選手がいる中、「カッコいい選手」と限定しています。

2 叙述用法

叙述用法は主語や目的語に対して補足説明をするものです。叙述とは、物や人の様子を補足的に説明することをいいます。

ジミーという主語を補足的に説明しています。

問 題

次の下線部の品詞を特定し、意味を答えてください。

① It is a <u>kind</u> of habit.
② Jim is <u>kind</u>.
③ Thank you for your <u>kindness</u>.
④ Thank you for your <u>kind</u> words.

解 答

① 品詞：名詞　意味：「種類」　和訳：それは習慣の一種だ。

→ kind に a がついているので名詞とわかります。名詞の kind は「種類」の意味です。a kind of「一種の〜」はよく使われます。

② 品詞：形容詞　意味：「親切な」　和訳：ジムは親切だ。

→ kind が Jim という主語を補足説明しています。これは形容詞の叙述用法です。

③ 品詞：名詞　意味：「親切」　和訳：親切をありがとう［ご親切にありがとう］。

→ your の直後に kindness があります。［代名詞の所有格＋名詞］の形です。
※ここで接尾辞の知識も磨いておきましょう。kind に -ness をつけると「名詞」になります。happy「幸せな」は happiness「幸福」のように名詞にできます。y を i に変えて語末に ness をつけます。

④ 品詞：形容詞　意味：「親切な」　和訳：親切な言葉をありがとう。

→③と同様に your があるので、一見すると品詞は名詞と答えたくなります。しかし、ここでは kind の後ろに words という名詞があるので、kind は後ろの words を修飾する形容詞だとわかります。［所有格＋形容詞＋名詞］で使われています。

副詞

副詞は名詞以外を修飾できる

副詞は多彩な顔を持ち、どのような役割をするのかをしっかり理解しておくことが大切です。例えば、always「いつも」のような頻度を表す副詞の文中での位置や、副詞と形容詞が同じ形になる hard や early など、覚えるべきことが多い重要な品詞です。

動詞を修飾する

まずは日本語の例から考えてみましょう。

ボルト氏は走る。

ボルト氏は速く 走る 。

「ボルト氏は走る」という文と「ボルト氏は速く走る」という文を比べると、「速く」が「走る」を詳しく説明していることがわかります。英語ではどのようになるか見てみましょう。

Mr. Bolt runs fast.
　　　　動詞　副詞

英語では、「走る」という動詞の後ろに「速く」という副詞があり、副詞が後ろから動詞を修飾します。副詞は英語では adverb といいます。「ad（付け加える）＋ verb（動詞）」から成る語です。副詞は英語に彩りを添え、書き手や話し手の強調したいことを付け加える役割があります。**副詞の役割は何か、と問われたら、まずは「動詞の強調」と即答できる**ようにしておきましょう。

次の文も、副詞が動詞を修飾している例です。

動詞を修飾

Toru speaks English well.
トオルは英語を上手に話す。

副詞 well「上手に」が動詞 speak「話す」を修飾しています。この場合、修飾する副詞と修飾される動詞が離れています。

形容詞・副詞を修飾する

形容詞を修飾

It is absolutely good.

それはものすごくおいしいです。

この例文中の副詞 absolutely は「絶対的に」の意味があり、後ろの形容詞 good「おいしい」を修飾しています。同じタイプの副詞には pretty や very などがあり、「とても」のような「**強調**」の意味を追加します。

副詞を修飾

He runs very fast.

彼はとても速く走る。

この例文中の副詞 very「とても」は、後ろにある副詞「速く」を修飾しています。

文全体を修飾する

副詞は文頭に置き、文全体を修飾することもできます。

文全体を修飾

Surprisingly, he got a full score.

驚いたことに、彼は満点を取った。

この例文中の副詞 surprisingly は英文全体を修飾しています。このような文では、副詞 surprisingly の後にカンマが必要です。

頻度を表す副詞の位置に注意

副詞は文中でのポジションが比較的ゆるい品詞で、文頭、文中、文末に置くことができます。ただし、頻度を表す副詞については注意が必要です。「一般動詞の前」そして「be 動詞の後」に置きます。

I <u>often</u> go to the park.

私はよく公園に行きます。

頻度を表す副詞 often は一般動詞 go の前に置かなくてはなりません。always「いつも」や sometimes「ときどき」なども頻度を表す副詞なので、同様の語順のルールがあります。

He is <u>often</u> late for class.

彼はよく授業に遅れる。

be 動詞の文の場合、頻度を表す副詞は be 動詞の後に置きます。もし位置を忘れそうになったときは「not を置く場所と同じ」と覚えておけば OK です。

判別には「-ly」が目印になる

副詞は形容詞に ly を付け加えた形が多いです。例えば、形容詞の slow「ゆっくりな」に ly をつけて slowly とすると副詞になります。

形容詞に ly をつけて副詞になる例

■ quick「すばやい」　→ quickly「すばやく」

■ slow「ゆっくりな」→ slowly「ゆっくりと」

※例外は形容詞の friendly「親しみやすい」や lovely「可愛らしい」などです。

ポジションで副詞を見分ける方法

まったく同じつづりで「副詞」と「形容詞」の両方を兼ねるものがあります。その場合は「**どこに置かれるか**」で見分けることができます。

① 　He is a <u>hard</u> worker.

② 　He works <u>hard</u>.

①の hard は名詞 worker の前にあり、worker を修飾しているので形容詞です。「一生懸命な」という意味です。②は works「働く」という動詞の後ろにあり、動詞 works を修飾しているので副詞です。「一生懸命に」という意味です。このように、副詞と形容詞は文中のどこに置かれているかで見分けることができます。

✦ 覚醒POINT ✦

副詞と形容詞は品詞を見極めて、
何を修飾しているのかを判断する！

| 問　題 |

(1) 次の下線部の品詞を特定し、意味を答えなさい。

① Tom gets up <u>early</u>.

② Tom is an <u>early</u> riser.

(2) 次の対話を読み、空所に入る最も適切な語句を a) ～ d) から 1 つ選び、
その記号を答えなさい。

Sarah ： OK, then, how about having lunch first? And shopping after?

Miyuki ： Great! I didn't have breakfast, so I am（　）hungry. There is a good Mexican restaurant near here. How about that?

　　　　a) pretty　　　　b) extreme　　　　c) quiet　　　　d) vary

（中央大）

| 解　答 |

(1) ①品詞：副詞　意味：「早く」　和訳：トムは早く起きる。

→ get up は「起きる」という熟語です。「早く起きる」と early が動詞を修飾しているので、品詞は副詞です。

②品詞：形容詞　意味：「早い」

　和訳：トムは早い起き手だ。→トムは早く起きる。

→ an early riser に着目します。冠詞 an がついているので riser は名詞とわかります。early は riser という名詞を修飾しているので形容詞です。
和訳の「早い起き手」は奇妙な日本語と思ったかもしれません。an early riser のように名詞を主体とする英文を「名詞構文」といいます。同じメッセージを①のように「副詞」を使って表したり、②のように「形容詞」を使って書き換えたりすることで、英文のスタイルが豊富になるのです。

次の２つの英文も同じことを伝えています。

> ① I swim well.　well「上手に」という副詞を使って表現
> 動詞　　副詞
>
> ② I am a good swimmer.　good「上手な」という形容詞を使って表現
> 形容詞　　　名詞

どちらも意味は「私は上手に泳ぐ」で、文のスタイルが違うだけです。名詞構文を使うと「書き言葉」になり、動詞を使うと「話し言葉」になります。

(2)　a)

➡問題は「会話文」の形式をとっていますが、実際には品詞の知識を使って解く問題です。空所に入れるのは後ろにある hungry を強調する語になります。hungry は形容詞で、形容詞を修飾できるのは副詞だけです。b) と c) は形容詞、d) vary は動詞なのでいずれも空所には入りません。正解は副詞の a) pretty「とても」です。

この問題で a) の pretty の意味は「かわいい」だと思った人もいるかもしれませんが、間違いです。副詞の pretty は「とても」の意味で、強調するときに用いられます。日常会話でもよく使います。How are you?「お元気ですか？」に対して Pretty good.「とても良いです」と答えるのも定番です。pretty の「強調」の役割は極めて重要ですから、しっかり押さえておきましょう。

和訳

サ　ラ：わかったわ、そしたら、まず昼食を食べない？　そのあとで買い物にするのはどう？

ミユキ：いいね！　朝食を食べなかったからとてもお腹が減っているの。このあたりに良いメキシコ料理店があるわ。それはどうかしら？

✦ 覚醒POINT ✦

副詞としての pretty の使い方をしっかり覚える！

前置詞

前置詞を攻略すると、英語をカタマリ（「句（phrase）」）でとらえる力がつきます。この力は長文読解やリスニングでの位置関係や時間に関する内容の聞き取りで役立ちます。また、書いたり話したりするときにも大きな力になります。

✏ 前置詞はイメージでとらえる

前置詞を理解するにはイメージが重要です。例えば on は「上に」という意味が一般的によく知られていますが、「**接触**」のイメージで理解するとよいでしょう。

- on the ceiling「天井に」　　■ on the wall「壁に」
- on the table「テーブルに」　　■ on the floor「床に」

イラストにあるように、前置詞の on は四方八方（天井 / 壁 / テーブル / 床など）どこでも接触していれば on を使います。

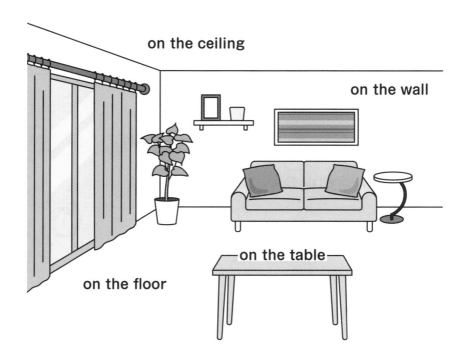

026

次に at です。at は「〜で」という意味よりも、「1点を表す」と理解しておくとよいでしょう。

> I will see you <u>at</u> the station.
> 駅で会いましょう。

駅や家、学校、バイト先、買い物をする店などは「点」でイメージできます。at school や at the store のように使うわけです。

in は奥行のある 3D 空間のイメージです。皆さんの勉強部屋や教室などの「箱のイメージ」と結びつけて理解を深めてください。

> I live <u>in</u> Japan.
> 私は日本に住んでいます。

✦ 覚醒POINT ✦

前置詞は日本語訳ではなく視覚的なイメージで理解する

🖋 前置詞は名詞の前に置かれる詞

前置詞は名詞の前に置かれる詞です。前置詞は英語で preposition といい、「pre（〈名詞〉の前に）＋ position（置かれる詞）」の意味です。
次の文を見てください。

> This is a book about | the English language |.
> これは| 英語 |についての本です。

about が the English language という名詞の前に置かれています。about には「周辺」のイメージがあり、the English language の「周辺」すなわち、アバウトに英語のさわりの部分を教えてくれる本と言えるでしょう。「〜について」と言うときは周辺のイメージの about を使えばよいのです。また、about の後に人称代名詞がくるときは about him のように目的格が入ります。

形容詞のカタマリをつくる

ここからは「カタマリ」というものを理解していきましょう。英語では、いくつかの単語がカタマリとなって、各品詞の役割をすることがあります。例えば、**[前置詞＋（冠詞）＋名詞] のカタマリは「形容詞のカタマリ」をつくります。形容詞のカタマリは後ろから名詞を修飾します。**

> The comic book [on the table] is mine.
>
> テーブルの上のマンガ本は私のものです。

[前置詞＋（冠詞）＋名詞] の形の on the table が 1 つのカタマリになって、直前の the comic book という名詞を修飾しています。名詞を修飾するのは形容詞ですから、この英文で on the table は「形容詞のカタマリ」です。

 ## 副詞のカタマリをつくる

[前置詞＋（冠詞）＋名詞] のカタマリは「副詞のカタマリ」もつくります。**副詞のカタマリは動詞を修飾します。**

> I live (in Japan).　私は日本に住んでいます。
> 　　　　前置詞　名詞

in Japan の 2 語がカタマリとなって、動詞の live「住んでいる」に対して詳しい説明をしています。このように [前置詞＋（冠詞）＋名詞] が動詞を修飾するときは「副詞のカタマリ」です。

| 問　題 |

(1)　次の英文の空欄に入る適切なものを a)～d) から 1 つ選んでください。

　　Fighter planes travel (　　) the speed of sound.
　　a) about　　　b) after　　　c) at　　　d) for
　　※ fighter plane：戦闘機　　　　　　　　　　　　　　　（大阪歯科大）

(2)　次の英文の空所に入る適切なものを a)〜d) から1つ選びなさい。

I will participate （　　　） the triathlon.

a) for　　　　b) in　　　c) on　　　d) with　　　　　　（会津大）

次の下線部が修飾する語句を答えてください。

(3)　She lives <u>in Hokkaido</u>.

(4)　The sunset <u>at the beach</u> was beautiful beyond description.

（立教大　改）

解　答

(1)　c)

➡「音速」のような具体的な速度は1点ととらえて at を使います。ちなみに、同じパターンとしては at the age of X「Xの年齢で」のように、具体的な年齢の1点を表すときにも at を使います。

和訳：戦闘機は音速で移動する。

(2)　b)

➡ participate in「〜に参加する」という熟語です。in は「空間・内部」のイメージで、「範囲」や「枠」を設定します。この場合は triathlon が「参加の範囲」となります。

和訳：私はトライアスロンに参加するつもりだ。

(3)　lives

➡ in Hokkaido は［前置詞＋名詞］です。これは動詞の lives を修飾しています。

(4)　The sunset

➡ at the beach は［前置詞＋（冠詞）＋名詞］で直前の名詞を修飾する形容詞のカタマリです。beyond description は「描写を超えている」→「言葉では表現できない」となります。

和訳：ビーチの日没は言葉では表現できないほど美しかった。

✦ 覚醒POINT ✦

前置詞は形容詞と副詞のカタマリをつくる！

第1文型

 自動詞が第1文型をつくる

動詞には**自動詞と他動詞がありますが、第1文型をつくるのは自動詞です。自動詞は目的語をとらない動詞、文がそこで終われる動詞**です。

> ■自動詞…文がそこで終われる動詞／前置詞＋名詞が続く動詞
>
> 「自分が〜する」の動詞
>
> ■他動詞…後ろに「目的語」が必要な動詞／具体的な対象を必要とする動詞
>
> 「対象に〜する」の動詞

※他動詞については第3文型（p.039 〜 p.041）で詳しく扱います。

次の文を見てください。

> Time flies.　　時間は飛ぶ。→光陰矢の如し。
> 　S　　V

これは第1文型の文です。主語は Time、動詞が flies で、動詞の後ろに目的語をとらず、文がそこで終わっています。もう1つ見てみましょう。

> The sun shines.　　太陽は輝く。
> 　S　　　V

これも主語は The sun、動詞が shines で目的語をとらない第1文型の英文です。

 修飾語句を伴う第1文型の文

次の文を見てください。

> I live（in New York）.
> S V　　　M
>
> 私はニューヨークに住んでいます。

030

主語は I、動詞は live です。文が動詞で終わっていませんが、これも第 1 文型の文です。live の後にある in New York の部分は［前置詞＋名詞］の修飾語句（Modifier：M と表記）で、文型を判断する際の文の要素には含まれません。このように、SV の後に M がくる場合も、第 1 文型として成り立ちます。

［前置詞＋名詞］は p.026 〜 p.029 の前置詞の項目で扱ったように、動詞を修飾するときは「副詞のカタマリ」としてはたらき、「副詞句」という名称になります。
※副詞は名詞以外をすべて修飾します。

では、動詞の後に副詞句を伴った第 1 文型の例を、いくつか見ていきましょう。

I go（to school）. 私は学校に行きます。
S V   M

主語は I、動詞は go、to school の修飾語句がついた第 1 文型の英文です。

God exists（in the universe）. 神は宇宙に存在する。
S   V   M

exist は「存在する」という意味です。今回のように in という前置詞を一緒に使うときは「〜の中に」という立体的なイメージになります。

The secret of her beauty lies（in her personality）.
S   V   M

彼女の美しさの秘密は性格にある。

lie in は「〜の中にある」の意味で、lie は「嘘をつく」という意味ではないので注意が必要です。
My brother lied to me.「私の兄［弟］は私に嘘をついた」のように、「嘘をつく」のときには前置詞は to「〜に向かって」を伴います。
ここで重要な lie の活用も覚えておきましょう。

①	自動詞の lie		
	lie-lay-lain	○「横たわる」 ◎「ある」	
		※前置詞は in や on を伴う	
②	他動詞の lay		
	lay-laid-laid	△「横たえる」 ◎「を置く」	
③	自動詞（規則動詞）の lie		
	lie-lied-lied	「嘘をつく」	
		※前置詞は to を伴う	

🖊 第1文型をつくるのは「往来発着系」と「存在系」の動詞

ここまで見てきたように、第1文型をつくるのは go のような「往来発着系」の動詞や exist などの「存在系」の動詞が多いです。

どのような動詞が第1文型をつくるのか、整理しておきましょう。

往来発着系動詞	存在系動詞
go「行く」⟷ come「来る」	exist「存在する」
leave「出発する」⟷ arrive「到着する」	stay「いる」
walk「歩いて行く」	lie「ある」
drive「車で行く」	live「住む」
run「走る」	reside「住む」

✦ 覚醒POINT ✦

第1文型の文には自動詞が用いられている！

問 題

(1) 次の英文の中から第1文型の英文を選び、番号で答えなさい。

1　She is playing the piano.

2　He walks to the park every morning.

3　He likes fashion magazines.

4　She uses her computer every day.

(2) 次の英文の中から第 1 文型の英文を選び、番号で答えなさい。

1　The kids are running in the park.

2　She reads books every night.

3　He eats an apple a day.

4　They are having some water.

(1)　2

→ He walks (to the park) (every morning) .
　 S　V　　　M　　　　　M

He が主語で walks が動詞です。to the park「公園に」が修飾語になっています。[前置詞＋名詞] が副詞のカタマリで、動詞の walks にかかります。そのほかの選択肢はすべて動詞の後ろに目的語をとる第 3 文型になっています。

和訳

1　彼女はピアノを演奏しています。

2　彼は毎朝公園に歩いて行きます。

3　彼はファッション誌が好きです。

4　彼女は毎日パソコンを使います。

(2)　1

→ The kids are running (in the park).
　 S　　　　V　　　　　M

The kids が主語で are running が動詞です。この問題では in the park が M（修飾語句）で、副詞のカタマリとして、are running を修飾しています。SV ＋ M の第 1 文型です。

和訳

1　子供たちが公園で走っています。

2　彼女は毎晩本を読みます。

3　彼は 1 日 1 個リンゴを食べます。

4　彼らは水を飲んでいます。

第2文型

S + V + C

✏️ 第2文型は補語をとる文型

第2文型は主語＋動詞の後に補語をとる文型です。補語はCと表記します。補語は主語とイコールの関係で結ばれ、主語を補足説明します。

✏️ 第2文型をつくる動詞① 「状態」を表す動詞

第2文型をつくる動詞の代表的なものに「状態」を表す動詞があります。

He **is** a bright student.　He = a bright student
S　V　　　C

彼は優秀な学生だ。

He is ... は「彼は～です」の意味です。He is の後には彼についての説明が必要になります。彼（主語）についての説明を加えるのが補語です。**補語は名詞や形容詞で主語について説明**するものです。

第2文型をつくる「状態」を表す動詞には be 動詞「～である」を筆頭に、以下のような動詞があります。

「状態」を表す動詞の例

- be「～である」
- look C「C に見える」
- stay C「C のままだ」
- remain C「C のままだ」

✏️ 第2文型をつくる動詞② 「変化」を表す動詞

第2文型をつくる動詞には「変化」を表す動詞があります。代表的なものが become です。be が「～である」と**状態**を表すのに対して、become は「～になる」と**変化**を表します。次の文を見てください。

034

> She **became** a great manager.　She = a great manager
> S　　V　　　　C
>
> 彼女は偉大な経営者になった。

動詞 become の過去形の後に、主語の She を説明する **a great manager** という語が続いています。彼女＝偉大な経営者の関係です。

第 2 文型をつくる「変化」を表す動詞には、become を筆頭に以下のようなものがあります。

> **「変化」を表す動詞の例**
> ■ become C「C になる」　　■ get C「C になる」
> ■ turn C「C になる」

第 2 文型をつくる動詞③ 「感想」を表す動詞

> That **sounds** great.　That = great
> S　　V　　　C
>
> それはよさそうですね。

主語は That、動詞は sounds「〜に思える」、補語が great です。直訳すれば「それはよく思える」＝「それはよさそうですね」となります。

第 2 文型をつくる「感想」を表す動詞には、以下のようなものがあります。

> **「感想」を表す動詞の例**
> ■ sound C「C に思える」　　■ feel C「C に感じる」
> ■ seem C「C に思われる」

生徒から「sound って音という意味ですよね」という質問をよく受けます。これはとても鋭い発想です。人間の五感を考えればわかります。人間は目、口、鼻、耳、手などいろいろなところから情報を得ています。素晴らしい音楽や大好きな曲を耳で聴いて心に響くのと同じように、耳は心とつながっています。そこから「思える」や「聞こえる」の意味にもなるのです。

✏️ 識別が重要な第1文型と第2文型

ここまでに、第2文型をつくる動詞を紹介してきましたが、**その動詞が用いられている英文がすべて第2文型というわけではありません。つまり、「この動詞が使われていたら100%この文型！」という考え方は危険です。**その理由は、**動詞の後ろにどんな形がくるかで文型は変わるから**です。例を見てみましょう。

He **remained** at home.　　　　　　　　彼は家にとどまっていた。
S　　V　　　　M

He **remained** silent.　He = silent　　彼は黙ったままだった。
S　　V　　　C

どちらの文も、動詞は remained（remain の過去形）です。上の文は、動詞の後に[前置詞＋名詞]がくる**第1文型の文**です。前置詞句は原則 M になります。最近の入試英文で、remain in the European Union「EUにとどまり続ける」という表現が使われていました。第1文型の remain は「存在する」の系統なのです。下の文は、動詞の後ろに**補語**がくる第2文型の文で「Cのままである」の意味です。それぞれの文型をつくる代表的な動詞を知っておくことは英文を読むときにとても役立ちますが、1つの動詞が1つの文型のみで用いられるわけではないことをしっかりおさえておきましょう。

✦ 覚醒POINT ✦

第2文型の文では主語と補語がイコールになる！

問 題

(1) 次の英文の中から第2文型の英文を選びなさい。

1 Some students remained in the classroom during lunchtime.

2 He looked at the picture carefully.

3 He looked into the cave.

4 The students remained silent during the class.

(2)　次の英文の中から第 2 文型の英文を選びなさい。

1　Look at the beautiful sunset.

2　They looked at each other.

3　She looks happy today.

4　They were looking for the missing cat.

(3)　次の文が適切な意味になるように（　　）内の単語を正しく並べかえ、全文を書きなさい。

The supermarket (closed / will / remain / until) next year.

（大阪経済大）

(4)　次の会話文の空欄に入る最も適切なものを書きなさい。

A：What kind of book is that?

B：It's a detective story.

A：That (　　) interesting!

（神奈川大）

解　答

(1)　4

→ The students remained silent (during the class).
　　　　S　　　　V　　　C　　　　M

remain の使い方がポイントです。「生徒達＝黙っていた」の関係が成立します。S ＝ C になるのは 4 のみです。それ以外の選択肢はすべて［前置詞＋名詞］の形をとっており、主語とイコール関係が成立しません。

和訳

1　生徒達の中には昼食時に教室に残り続ける者がいた。

2　彼は入念に絵を見た。

3　彼は洞窟の中を見た。

4　生徒たちは授業中黙ったままだった。

(2)　3

→ She looks happy (today).
　　S　　V　　C　　M

look の使い方がポイントです。She ＝ happy の関係なので、イコール関係をつくる第
2 文型とわかります。正解は 3 です。look at は「〜を見る」という熟語で後ろに目的
語をとります。look for は「〜を探す」という熟語で、後ろには目的語が必要です。

和訳

1　美しい日没を見なさい。

2　彼らはお互いを見つめた。

3　彼女は今日幸せそうに見える。

4　彼らは行方不明の猫を探していた。

(3)　**The supermarket** will remain closed until **next year.**

→ remain の後に補語がくるパターンです。助動詞の will があるので、[助動詞＋動詞
の原形] の順で使います。remain C「C のままである」の意味です。

The supermarket will remain closed (until next year).
S　　　　　　V　　C(p.p.)　　　M
スーパーは来年まで閉店されたままだろう。

(4)　sounds

→ sound は名詞では「音」の意味ですが、動詞では「〜に聞こえる」→「〜に思える」
の意味になります。なお、detective story は「探偵の物語」が直訳で、「推理小説」のジャン
ルの全体をいうときに使われます。

和訳

A：あれはどんな本ですか？

B：それは推理小説です。

A：おもしろそうですね！

第3文型

S + V + O

第3文型は目的語をとる文型

第3文型をつくるのは「誰を」や「何を」にあたる目的語を必要とする動詞です。
第2文型は補語が主語とイコールになるのが特徴ですが、**第3文型の目的語（O
と表記します）は主語とイコールにはなりません**。次の文を見てください。

I like your T-shirt.　私はあなたのTシャツを好きです。
S　V　　O

「私は好きです」に加えて、**具体的に何が好きなのか、目的語がないと英文が成
立しません**。何が好きなのかを示す語が目的語です。目的語は your T-shirt で、
I ≠ your T-shirt の関係です。
目的語にはさまざまな語が入ります。
例えば、like「～を好きだ」の対象はマンガ（manga）、ゲーム（video games）、
スポーツ（sports）、彼（him）など、さまざまです。
人をほめるとき、動詞の like はとても役に立ちます。I like your hairstyle.「私は
あなたの髪型が好きだ」→「髪型いいですね」や I like your jacket.「私はあな
たのジャケットが好きだ」→「ジャケットいいですね」などのように表現できます。

know は「何を知っているのか」を後ろに示す

次の know は「知っている」という意味です。これも「何を知っているのか」や「誰
を知っているのか」を伝える必要があるので、後ろに目的語が必要です。

I know Ohtani Shohei.　私は大谷翔平を知っている。
S　V　　O

第3文型の他動詞と第1文型の自動詞の識別

次の文を見てください。

> ① Jimmy raised his hand (in class).　　ジミーは授業で手を挙げた。
> 　　S　　　V　　　　O　　　　M
>
> ② The sun rises (in the east).　　太陽は東から昇る。
> 　　S　　　V　　　　M

どちらが第3文型の文でしょうか。①の raise は**他動詞**で、**後ろに目的語が必要**です。raise「挙げる」は「何を挙げるのか」を示す目的語が必要です。①の文は目的語を必要とし、目的語（his hand）と主語がイコールの関係になっていないので、第3文型です。

一方、②の文は第1文型です。rise は**自動詞**で「上がる」の意味です。第1文型をつくるのは自動詞で、補語や目的語がなくても文がそこで終わることができます（p.030 参照）。in the east は補語でも目的語でもなく、修飾語句です。

どちらもつづりが似ていてまぎらわしいですが、しっかり区別できるようにしておいてください。

ここで、rise と raise の活用をおさえておきましょう。

原形	過去形	過去分詞（p.p.）
rise（上昇する）	rose	risen
raise（〜を挙げる）	raised	raised

その他、紛らわしい自動詞と他動詞は次のとおりです。何度も声に出して覚えましょう。

■ lie-lay-lain「横たわる」　　■ lay-laid-laid「〜を置く」

lay の意味を「横たえる」と覚えるのはあまり実用的ではありません。「〜を横にする／置く」と覚えたほうが実践でも使えます。

> She laid her baby on the bed.
> 彼女はベッドに赤ん坊を寝かしつけた。

この場合、laid（lay の過去形）は他動詞で her baby が目的語になっています。

✦ 覚醒POINT ✦

第3文型の文は目的語をとり、主語と目的語はイコールではない！

| 問　題 |

(1)　次の空所にあてはまる語を a) 〜 d) から１つ選び、記号で答えなさい。

Our favorite restaurant has (　　) its prices again. It's getting very expensive.

a) raise　　　b) raised　　　　c) risen　　　　d) rose

（愛知学院大）

(2)　次の会話文の空欄に入る最も適切なものを選びなさい。

My sister (　　) down on the sofa for a nap.

a) laid　　　　b) lain　　　　c) lay　　　　d) lied

（日本大）

| 解　答 |

(1)　**b)**

➡ 典型的な自動詞と他動詞の識別問題です。現在完了の文なので、has の後にくるのは p.p.（過去分詞）です。また、後ろに目的語をとるので、「価格を上げる」の意味になる動詞が入ります。

和訳：私たちの一番好きなレストランは再び価格を上げた。それはかなり高くなってきている。

(2)　**c)**

➡ 自動詞と他動詞の識別問題です。自動詞の lie「横たわる」ならば、lie-lay-lain の活用で使われます。それに対して他動詞の lay は「〜を置く」という意味になります。活用は lay-laid-laid です。
この問題では後ろに目的語をとっていません。副詞の down が直後にあるため、down は動詞を修飾する役割になっています。選択肢に３単現の s もついておらず、ここでは「過去形」を使うと考えられるので、正解は **c) lay** です。

My sister lay (down) (on the sofa) (for a nap).
　　S　　V　　M　　　　M　　　　　M
私の姉［妹］は少し寝るのにソファに横になった。

第4文型

$$S + V + O_1 + O_2$$

✏ 第4文型をつくる動詞① 「授与動詞」

第4文型をつくる動詞には「授与動詞」と呼ばれるものや、take や cost など「お金や時間がかかる」という意味を表す動詞などがあります。**目的語（O と表記します）を2つとる点が、第4文型の特徴**です。

まずは目的語を2つ必要とする第4文型の文を見てください。

> My girlfriend gave me an interesting book.
>   S   V O_1 O_2
>
> 僕の彼女が僕におもしろい本をくれた。

「授与動詞」とは、簡単に言うと give などの「与える」系の意味を表す動詞です。上の英文を見るとわかるとおり、動詞 give の後に**目的語が2つ**あります。「人に物をあげる」場合は**1つ目の目的語は人、2つ目の目的語は物**です。

2つの目的語の関係は、O_1（1つ目の目的語）と O_2（2つ目の目的語）はイコールではありません。**$O_1 \neq O_2$ の関係**になることを理解しておきましょう。

このように第4文型で使われる「与える」系の意味になる動詞を「授与動詞」といいます。第4文型では、物や情報の授与に使われる動詞が中心ということを覚えておくと、問題を解くときに役立ちます。

授与動詞には次のようなものがあります。

授与動詞の例

- send 人 物 「人に物を送る」
- write 人 物 「人に物を書く」
- tell 人 物 「人に物を伝える」
- bring 人 物 「人に物を持っていく」

授与動詞を用いた第4文型の例を見ていきましょう。

> My cousin brought me a dictionary (a few minutes ago).
>   S   V O_1 O_2 M
>
> 数分前に、いとこが私に辞書を持ってきてくれた。

bring 人 物 「人に物を運んでくる」も授与動詞の発想で理解できます。人に物を

持ってくるということは、物理的に人に運んでくる行為が「与える」ことになります。「数分前に」の部分は M（修飾語句）で、動詞 bring を修飾する副詞句です。

> My brother told me an interesting story.
> 　　S　　　　V　　O₁　　　　　O₂
>
> 兄が私におもしろい話を聞かせてくれた。

tell 人 物「人に物を伝える」は「情報伝達」ですから、情報を「与える」と考えれば理解できます。この場合は、物も情報も人を経由して、最終的にそれらを人が手に入れた状態になると考えれば OK です。

> She handed me a book [for beginners].
> 　S　　　V　　O₁　　O₂　　　　M
>
> 彼女は私に初学者向けの本を手渡した。

これは大学入試レベルの英文です。hand 人 物「人に物を手渡す」の意味で使われています。hand も授与動詞で「与える」系の意味です。「手を使って与える」ニュアンスですね。for beginners の部分は M（修飾語句）です。a book を修飾する形容詞句です。

✦ 覚醒POINT ✦

第 4 文型は「授与動詞」が中心で、O₁ ≠ O₂ の関係になる！

🖍 第 4 文型から第 3 文型の書き換え

第 4 文型は第 3 文型に書き換えることができます。SVO₁O₂ が第 3 文型の SVO ＋ M になると理解しましょう。

> My girlfriend gave me an interesting book.
> 　　　S　　　　　V　　O₁　　　　O₂
>
> ↓書き換え
>
> My girlfriend gave an interesting book (to me).
> 　　　S　　　　　V　　　　　O　　　　　　M
>
> 僕の彼女がおもしろい本を僕にくれた。

すでに説明しましたが、第4文型が他の文型と違うのは、動詞の後に**目的語を2つとる**ことです。1つ目の目的語には人、2つ目の目的語には物がきます。

書き換えのときに使う前置詞は to が圧倒的に多いのです。give のような「授与動詞」の多くは「自分」と「相手」のように2者間でのやりとりが発生します。だから、第3文型に書き換えをするときは方向を表す前置詞の to が必要です。それは個人間であっても、多数に対してであっても「自分」と「相手」がいることが前提になっている「give 型の授与動詞」ならば、書き換えの際に相手に向かう to が必須です。これは send, write, bring, tell…と無限にありますから、わざわざ覚えなくても OK です。

一方、to ではなく for を使う動詞は非常に少なく、buy「買う」、make「作る」、cook「料理する」、order「注文する」などです。大切な友達のプレゼントを買いに行くとき、プレゼントを買うのはその人の「ためを思って」することですよね。つまり、思いやりからすることなので、「〜のために」という意味の前置詞 for を使うということになります。

以下の例は第4文型の make O_1 O_2 を第3文型の SVO + M に書き換えたパターンです。

He made me some coffee.
S   V O_1 O_2

↓書き換え

He made some coffee (**for me**).
S   V   O   M

彼は私にコーヒーをいれてくれた。

コーヒーをいれるという行為自体は、自分ひとりでも成り立ちます。ですから、第3文型では授与を前提とする to を使いません。特別な for を使って「私のために」ということを表します。

最後に、ask は of を使うたった一つの動詞です。暗記したほうがラクだと思います。理屈で覚えたい人は of が「分離」に由来し、質問をその人に聞いて、そこから引き出してくる（つまり、その人から離れるイメージ）と考えてください。

第 4 文型の ask O₁ O₂ を第 3 文型の SVO ＋ M に書き換えたパターンです。

> He asked me an interesting question.
> S　 V　 O₁　　　　　　O₂
>
> ↓書き換え
>
> He asked an interesting question（**of me**）.
> S　 V　　　　　　O　　　　　　　M
>
> 彼は私におもしろい質問をした。

私に質問をして、そこから情報を引っ張り出してくるイメージです。

いずれにしても、数が少ない for や of を使う動詞は暗記してしまい、その他の to を使うものは「その他は to」と思っておいたほうがずいぶん覚える量が減ってラクになると思います。

> **第 4 文型 SVO₁O₂ →第 3 文型 SVO ＋ M の書き換え**
> ■ buy, make, cook, get, order：ひとりでもできる行為→ **for**
> ■ ask：質問を相手から引っ張り出す行為→ **of**
> ■その他：2 者間でおこなうことが前提になる行為→ **to**

第 4 文型は give の発想が重要で、「与える」という意味が中心でした。第 4 文型は 9 割方このパターンで対応できるのですが、第 4 文型をとる動詞の中でも cost や take などは語法として整理するとわかりやすいです。数も限られているのでしっかり覚えていきましょう。

🖊 第 4 文型をつくる動詞② take

第 4 文型でもよく使われる動詞の語法が「take 人 時間」「人に 時間 がかかる」の形です。

> It took the student a whole week to write the essay.

took the student a whole week を「人に 時間 がかかる」の型にあてはめると、「生徒に丸 1 週間かかった」となります。

It took the student a whole week 〈to write the essay〉.
S　V　　　O₁　　　　O₂　　　　　　　M

その生徒がエッセイを書くのに丸1週間かかった。

第4文型をつくる動詞③ cost

cost は第4文型でよく使われる動詞です。「cost 人 お金 （人に お金 がかかる）」
の形で使われます。

It cost the student more than twenty thousand yen to buy the
e-dictionary.

cost the student more than twenty thousand yen「生徒に2万円以上かかっ
た」となります。

It cost the student more than twenty thousand yen
S　V　　　　O₁　　　　　　　　　　　　　O₂　〈to buy the e-dictionary〉.

その生徒はその電子辞書を買うのに2万円以上かかった。

第4文型をつくる動詞④ owe, deny, save など

そのほかの第4文型をつくる動詞も見ておきましょう。すでに説明した take や
cost と同様に O₂ に入る物の内容と動詞を結び付けて覚えておくと、和訳や英作
文のときに役立ちます。

owe 人 恩義「人に 恩義 がある」は2つ目の目的語に感謝や借りている物が入りま
す。

I owe her my thanks.
S　V　　O₁　　O₂

私は彼女に感謝している。

「deny 人 権利 （人に 権利を与えない）」のパターンは give 型とは正反対の意味になります。「人に 物を与えない」の意味になり、物の部分には「権利（**rights**）」や「機会（**opportunities**）」などが入ります。

The library denied children access [to the computers]
S　　　　　V　　　　O₁　　　O₂　　　　　　　M
(without a library card).
　　　　　　　　　　　　　　　　　　M
その図書館は子供たちに図書館の入館証なしではコンピュータを使う権利を与えなかった。

save の場合、主語になるものが「手間を省いてくれる」という意味で使います。「save 人 手間」で「人の手間を省く」の意味です。

AI saved us the trouble [of manually translating all our
S　　V　　O₁　O₂　　　　　　　　M
company's documents].
　　　　　　　　　　　　　M
AI が手動で会社のすべての文書を訳す手間を省いてくれた。

第 4 文型をつくる動詞と目的語の内容と意味
- take 人 時間　「人に 時間がかかる」
- cost 人 お金　「人に お金がかかる」
- owe 人 恩義　「人に 恩義がある」
- deny 人 権利　「人に 権利を与えない」
- save 人 手間　「人の 手間を省く」

✦ 覚醒POINT ✦

第 4 文型の take は
"人 ＋ 時間 で 人 に 時間 がかかる" と覚えよう！

(1)　次の空所にあてはまる語を a）〜 d）から 1 つ選び、記号で答えなさい。

He handed（　　　　）his jacket.

a）he　　　　　　b）her　　　　　　c）his　　　　　　d）she

（金城学院大）

(2)　次の英文の下線部の意味を最もよく表すものを a）〜 d）の中から 1 つ選びなさい。

She gave me a lift to Kanazawa-bunko Station.

a）drove me　　　　　　　　b）brought me up

c）bought me a ticket　　　　d）told me the way

（関東学院大）

(3)　次の空所にあてはまる語を a）〜 d）から 1 つ選び、記号で答えなさい。

It took me（　　　）to get here.

a）three hours　　　　　　　b）for three hours

c）three-hour time　　　　　d）to three hours

（白百合女子大）

(4)　次の空所にあてはまる語を a）〜 d）から 1 つ選び、記号で答えなさい。

It will（　　）me more than $300 to buy a new pair of glasses.

a）cost　　　　b）spend　　　　c）charge　　　　d）need

（南山大）

(1)　b)

→この問題は**第 4 文型の使い方**がポイントです。hand $O_1 O_2$ の「O_1 に O_2 を手渡す」の形で使われるので、空所には 1 つ目の目的語の人が入ります。代名詞は目的格でなければならないので her が正解です。

He handed her his jacket. 彼は彼女に彼のジャケットを手渡した。
S　　　V　　O₁　　　O₂

（2）a)

➡ give を使った第4文型は**慣用表現**のように使われるものも多くあります。例えば、give 人 a lift は give 人 a ride と同じで「人を車に乗せてあげる」の意味です。2つ目の目的語には［a ＋名詞］の形で「人にしてあげる内容」が入ります。「人を車で送ってあげる」の意味なので、**a) drove me** が正解です。

和訳：彼女は私を金沢文庫駅に車で送ってくれました。

> give を使った表現
> ■ give 人 a ride「人を車に乗せる」　■ give 人 a call「人に電話をかける」
> ■ give 人 a break「人に休息を与える」　■ give 人 a ring「人に電話をかける」

（3）a)

➡動詞の語法の問題です。シンプルに take 人 時間「人に 時間 がかかる」を使えば、**a) three hours** が正解とわかります。文頭の It は形式主語と理解すれば OK です。to 以下に本当の主語がくる形になっています。

和訳：私がここに来るのに3時間かかった。

> It took me three hours ⟨to get here⟩.
> S　V　O₁　　O₂　　　真主語

（4）a)

➡動詞の語法の問題です。第4文型をとり、意味的にも合う **a) cost** が正解です。
d) の need は「必要とする」なので、ここでは文脈上合いません。お金に関連する語法では、a) は cost 人 お金「人に お金 がかかる」の形、b) spend O Ving「〜に時間 / お金を費やす」の形を使います。c) の charge は「お金の請求をする」の意味で、この問題では不適切です。to buy 〜以下の不定詞は PART 4 で詳しく扱います。it で形式的な主語を立て、文の主語を短くしています。To buy a new pair of glasses will cost me more than $300. では主語が長くなりすぎてしまい、わかりにくくなってしまいます。以下のように、it を主語に立てると SVO₁O₂ の文型がスッと頭に入り、読み手にとってわかりやすくなるのです。

> It will cost me more than $300 ⟨to buy a new pair of glasses⟩.
> S　V　O₁　　O₂　　　　　真主語

和訳：新しいメガネを買うのに300ドル以上かかるだろう。

第5文型

S + V + O + C

🖊 「OをCにする」の第5文型

第5文型は目的語と補語を1つずつとります。make O C で「O を C にする」と
いう英文を見たことがある人も多いと思います。次の第5文型の文を見てください。

> A cup of coffee makes me happy.

この文は第5文型の文です。makes の後に単語が2個ならんでいるという点では
第4文型と似ていますが、第4文型との違いは、この英文では me = happy の関
係がある点です。第4文型では目的語が2つあり、2つの目的語はイコールの関係
にはならないというルールがあります（p.042 ～ p.043 参照）。これに対して第5文
型では、目的語と補語をとり、それらがイコールの関係になるというルールがあります。
上の英文の happy は形容詞です。形容詞は直前にある名詞のサポート役をする
ので、me を補足説明していることになります。したがって、happy は me について
説明している C（補語）になります。

✦ 覚醒POINT ✦

第5文型では、O＝Cの関係がある！

このイコール関係を見抜くには be 動詞を利用します。**O＝C ということは O と C
の間には主語と述語の関係がある**ということになります。この場合、me を I に置
き換えて、対応する be 動詞を入れて happy とつなぐことができるかを検証します。
I am happy.「私は幸せだ」という関係が成り立つので、SVOC の第5文型だと
わかります。

> A cup of coffee makes me happy.
>   S   V   O   C
>
> me = happy の関係→ I am happy の関係

これを和訳すると「一杯のコーヒーが私を幸せにする」となります。

この和訳を不自然と感じる人もいると思いますが、その感覚は大切です。日本語ではこのような文に違和感を抱く人が多いと思います。

✏️ 無生物主語の英文に慣れる

一杯のコーヒーが 私を　幸せにする。
　　　　　　　　O を　　C にする

第 5 文型攻略のカギは「**無生物を使った直訳に慣れ親しむこと**」です。なぜかと言えば、英語では「**無生物主語**」が自然な英文をつくるからです。無生物主語とは人や動物以外の主語で、例えば it「それ」や things「こと」なども含まれます。日本語を母語とする私たちにとって「一杯のコーヒーが私を幸せにする」という文には違和感を感じるかもしれませんが、英語ではそれがナチュラルな表現なのです。では、無生物主語を使った第 5 文型の文をいくつか見ていきましょう。

① まかない料理が　私を 幸せにした。

The staff meal made me happy.
　　　S　　　　　V　　O　　C

Thanks to the staff meal, I was happy. もメッセージとしては同じですが、①のような第 5 文型の英文では語数が抑えられ、グッと情報密度が上がります。

② 試験合格の知らせが　私を 幸せにした。

The news of passing the exam made me happy.
　　　　　　S　　　　　　　　　V　　O　　C

Because I heard the news of passing the exam, I was happy. も同じメッセージですが、SV の構造が 2 回続くので、②のような第 5 文型の表現のほうがシンプルです。

③ 仲間のひと言が　私を 怒らせた。

The comment from my coworker made me angry.
　　　　　　S　　　　　　　　　　V　　O　　C

これも When I received the comment from my coworker, I was angry. と言うこともできますが、③のように第 5 文型にしたほうが英語らしくなります。

このように、第5文型は「無生物主語」の攻略がカギを握っています。まずは確実にこの直訳の発想を身につけていきましょう。入試問題では、第5文型の英文の和訳がピンポイントで狙われることもあるので、「無生物主語は自然なのだ」という意識を持ってください。

✦ 覚醒POINT ✦

第5文型の make O C「O を C にする」は直訳をマスターする！

🖊 主語が what でも対応できるようにする

さっそく問題を1問解いてみましょう。次の日本文を英訳してください。ただし、why を使わず what を使ってください。

なぜあなたはそんなに嬉しかったのですか。

「なぜ」という言葉があるのに why の使えない「what 縛りの英作文」は、「無生物主語」の英文を使えばよいのです。「一杯のコーヒーは私を幸せにする」という無生物主語の英文をすでに見ましたが、それと同じ発想で考えてください。
「何が あなたをそんなに 幸せにした のですか」という発想が浮かべば OK です。

What made you so happy?
  S   V   O   C

✦ 覚醒POINT ✦

「なぜ」の文を What を使って英訳できるようにする！

✏ make 以外の第 5 文型をつくる動詞

第 5 文型をつくる動詞の例と訳を覚えておきましょう。

第 5 文型をつくる動詞の例

- call O C 　　　　「O を C と呼ぶ」
- name O C 　　　　「O を C と名付ける」
- elect O C 　　　　「O を C に選ぶ」
- appoint O C 　　　「O を C に任命する」
- drive O C 　　　　「O を C にする」
- render O C 　　　「O を C にする」
- leave O C 　　　　「O を C のままにしておく」
- keep O C 　　　　「O を C にしておく」

call O C「O を C と呼ぶ」は会話文でよく使われます。

You can call me Tony.
　S　　　　 V　　O　　C

あなたは私をトニーと呼ぶことができる。➡トニーと呼んでください。

me = Tony の関係がある第 5 文型です。これは I am Tony という主語と述語の
関係です。

近年の入試では drive O C「O を C にする」も出題されています。

She is driving me crazy.
　S　　 V　　　　 O　　 C

彼女は私のことをおかしくさせそうだ。➡彼女のせいで私はおかしくなりそうだ。

drive O C の場合、C にくる表現は「狂っている」のような内容が中心になります。
この drive はもともと「動かす」という意味なのですが、それが心理的にも強く動
かし、気持ちの動揺を生み出すことも意味します。me = crazy の関係です。
この例文の場合、必ずしもマイナスの意味とは限らず、「彼女に夢中だ」という意
味で使われることがよくあります。

次に keep O C「O を C にしておく」です。leave O C とどう違うのかチェックして
みましょう。

I kept the door open.
S　V　　O　　　C

私はドアを（意図的に）開けておいた。

I left the door open.
S　V　　O　　　C

私はドアを（うっかり）開けっ放しにした。

keep O C と leave O C と意味が似ていますが、実際には違いもあります。keep
O C は「（意図的に）O を C のままにしておく」という親切心を表すのに対して、
leave O C だとうっかり忘れて「（無意識に）O を C のままにしてしまう」くらいの
意味で使われます。

✏️「O を C と思う」の第 5 文型

引き続き第 5 文型の英文を見ていきます。次の英文を見てください。

I found this book interesting.

find の過去形が found で「私はこの本を見つけた」という意味だと思うかもしれま
せんが、それでは interesting がうまくつながりません。this book と interesting
の関係をチェックしてみましょう。第 5 文型の英文ですから、ここには this book =
interesting の関係があります。O と C がイコールの関係になる SVOC のパターン
です。

I found this book interesting.　this book = interesting
S　V　　O　　　C

interesting の品詞は形容詞ですね。this book と interesting の関係を見てみましょう。This book **is** interesting. という関係が見抜ければ、この文型は攻略しやすくなります。

訳すときは「O を C と思う」や「O が C とわかる」が自然です。ここでは「私はこの本をおもしろいと思った」という意味で理解するとよいでしょう。

interesting は形容詞ですが、厳密には動詞の interest に -ing がついてできた現在分詞（PART 4 でしっかり学習します）です。これは「興味を持たせるような」という意味になっています。この形は意外と多くて、interesting のほかに surprising「驚くべき」や confusing「混乱させるような」、boring「退屈な」なども同様です。要するに、動詞に -ing がついて形容詞になっているということです。

| 問 題 |

(1) 次の下線部の意味に最も近い語句を 1 つ選びなさい。

His behavior <u>drove me crazy</u>.

a) made me avoid the wrong way

b) made me no different

c) made me relaxed

d) made me upset

（駒澤大）

(2) 次の和文の意味を表すように ［　　］内の語句を並べ替え、全文を書きなさい。

携帯電話のおかげで、我々の日常生活はますます便利になっている。

Mobile (　　) (　　) (　　) (　　) (　　) (　　) (　　) (　　).

［convenient / daily / have / lives / made / phones / more / our］

（龍谷大）

(3) 空所にあてはまる語を a）～ d）から 1 つ選び、記号で答えなさい。

Our professor did not explain this grammar point very clearly, and many of us found it (　　).

a) confuse　　b) confused　　c) being confused　　d) confusing

（神奈川大）

(4)　次の和文の意味を表すように、[　　]内の語を並べ替え、全文を書きなさい。

なぜあなたは私の提案に対してそんなに怒ったのか、教えてくれますか？

Could you tell me [you / so / made / angry / what] about my suggestion?

Could you tell me（　　）（　　）（　　）（　　）（　　）about my suggestion?

（岐阜聖徳学園大）

解 答

(1)　d)

→ drive O C は「O を C にする」の意味です。me = crazy の関係があります。crazy は形容詞です。a)〜d）のうち、これと同じ意味になるのは d) made me upset のみです。upset の意味は「困惑している」と単語集に書かれていることが多いですが、実際には「怒っている」くらいの意味で使われます。drive を用いた第 5 文型の英文では、crazy の部分に mad や insane が入っている英文もよく見かけます。

> His behavior drove me crazy.
> 　　 S 　　　 V 　 O 　 C

直訳は「彼の行動が私を怒らせた」となります。

(2)　phones / have / made / our / daily / lives / more / convenient

> Mobile (phones)(have)(made)(our)(daily)(lives)(more)(convenient).

→問題文に「おかげで」という表現があるので、Thanks to を使いたくなるところですが、ここで英語の直訳の発想を思い出してみましょう。「携帯電話が我々の日常生活をますます便利にしている」と第 5 文型の発想に切り替えることができれば合格です。主語を mobile phones、動詞の部分を [have + p.p.（過去分詞）] にあてはめてみます。「過去にしたことが今にも影響を与えている」というときに have + p.p. を使います。

Mobile phones have made ... までできました。次に「O を C にする」の発想から、目的語の部分に our daily lives を入れます。イコール関係で形容詞を補語にできるので、最後に形容詞の convenient「便利な」を置けば OK です。「ますます」という比較の要素があるので、convenient の前に more を入れます。

(3)　d)

→英文の前半は「教授はこの文法のポイントをあまりはっきり説明してくれなかった」という意味です。it は「前半の文全体を指している」と考えられるので、次のように構文解析できます。

> 〜 and many of us found it confusing.　　 it = confusing
> 　　　　 S 　　　 V 　 O 　 C

「教授がこの文法のポイントをあまりはっきり説明してくれなかったこと」→「混乱させる」ことなのです。つまり、形容詞の d) confusing が正解です。

(4) what / made / you / so / angry

→この英文は tell O₁O₂ の形で、2つ目の目的語がカタマリで使われているパターンです。全体の文構造は次のとおりです。

Could you tell me │what 以下│?
　　　S　V　O₁　　　O₂

Could you tell me ⟨what made you so angry about my suggestion⟩?
　　　S　V　O₁　　　　　　　O₂

what 節の中にも svoc が隠れています。

what が make O C の中の主語の役割をしていて、直訳は「何があなたをそんなに怒らせたのか」という意味になります。ただし、実際の入試問題では、「なぜあなたが〜したのか」という訳が与えられていることが大半です。そこで、「なぜ」という言葉があるのに、why ではなく what が選択肢にあるときには、まず make O C「O を C にする」を考えてみるのが得策です。

現在形

🖊 "いつもする" ことを表す

現在形の文は「基本的にいつもする」ことを表します。動詞は現在形（原形）を使い、主語が 3 人称単数のときは s がつきます。

> I go to cram school.　私は塾に行きます。

「塾に行く」という行動を、何度もくり返しおこなっているイメージです。

> She walks to the office.
> 彼女はオフィスに歩いて行きます。

動詞に 3 単現の s がついているとき、その文の時制は現在形だとわかります。時制が現在形であることにより、「オフィスに歩いて行く」ことが「基本的にいつもすること」だと伝えられるのです。
次に、すべて現在形を用いた英文を読んでみてください。

————————————————————————————————

High school students often <u>have</u> a busy schedule. I <u>wake</u> up at six, <u>brush</u> my teeth, and <u>go</u> to school. I <u>have</u> five classes in a row and <u>participate</u> in club activities. After school, I also <u>attend</u> cram school.
和訳：高校生は忙しいスケジュールであることが多いです。私は 6 時に起き、歯を磨いて、学校に行きます。5 つの授業を連続で受け、クラブ活動にも参加します。放課後は、塾にも通っています。

————————————————————————————————

現在形のポイントは「いつもする」なので、普段のライフサイクルを表現するのに適しています。

🖊 不変の真理を表す

> The earth goes around the sun.　地球は太陽の周りを回っている。

この英文も現在形です。go に 3 単現の s がついて goes となっています。地球が

太陽の周りを回っているのは「基本的に変わらない」ことなので、現在形で表されています。このような**不変の真理**を表すときも現在形を使います。

現在形の文で使われる頻度を表す副詞

頻度を表す副詞 always「いつも」、usually「ふつうは」、often「よく」、sometimes「ときどき」などが現在形の文ではよく使われます。これらは「基本的にいつもする」ことを表す現在形の文と相性がよいからです。**頻度を表す副詞は一般動詞の前、be動詞の後に置きます。**

> My son **often** goes to cram school.
> 私の息子は**よく**塾に行きます。
>
> My daughter is **always** busy with her club activities.
> 私の娘は**いつも**部活動で忙しいです。

頻度を表す副詞を置く場所が be 動詞の文と一般動詞の文では異なる点が少し紛らわしいと思います。「頻度を表す副詞は一般動詞の前、be 動詞の後に置く」と繰り返し言って、上の 2 つの英文を何度も読んで、マスターしてください。

時を表す副詞は文末が原則

時などを表す副詞は、原則文末に置きます。

> I wake up **early**.　私は**早く**目覚めます。
> I take a walk **every day**.　私は**毎日**散歩します。

副詞の every day「毎日」は every と day を離して書きます。文末に every day を置きますので、動詞を修飾する役割です。これは take a walk「散歩する」を修飾する副詞の役割をしています。つなげて書く everyday は形容詞で「毎日の」という意味です。everyday life は「日々の生活」の意味になります。ですから、*I take a walk everyday. という英文は間違いということになります。

✦ 覚醒POINT ✦

現在時制は「基本的にいつもする」（習慣）を表す！

(1) 次の和文を英訳しなさい。

毎日、私たちはたくさんの食べ物を捨てている。

We _____.

（学習院大）

空所にあてはまる語を a）～ d）から 1 つ選び、記号で答えなさい。

(2) The letter (　　) as follows.

　　a) reads　　　　b) reading　　　c) is reading　　　d) has read

※ as follows：次のように （福岡大）

(3) The earth (　　) around the sun.

　　a) is revolved　　b) revolve　　　c) revolved　　　d) revolves

（福井工業大）

(4) Something is always (　　) wrong with the machine.

　　a) having　　　　b) going　　　　c) making　　　　d) coming

（大阪産業大）

解 答

(1) **We throw away a lot of food every day.**

➡カギになるのは「毎日」という言葉です。問題文の「捨てている」という言葉にとらわれて現在進行形を使うのではなく、日ごろの習慣を伝える文なので、現在形を使います。every day は文末に置きます。なお、現在進行形の are throwing away は「一時的に」というニュアンスになるため、「毎日」という日本語に合わなくなってしまいます。

(2) **a)**

➡この letter は「手紙」の意味です。選択肢を見ると、a) 現在形、b) 現在分詞、c) 現在進行形、d) 現在完了となっています。**手紙に書かれた内容が変わることは基本的にないので、a)** の現在形 **reads** が正解です。

この read の使い方は近年の入試でも出題されています。日本語では「手紙にはこのような内容が書いてある」という言い方をするので、そもそも read を使うこと自体が疑問かもしれません。しかし、標識や文字などが「書いてある」と言うときに、英語では「そのように読む」と考えて write ではなく、read を使います。

和訳：手紙にはこのような内容が書いてあります。

最近の入試では、次のような英文も出題されています。

> The sign **reads** "No parking".
> 標識には「駐車禁止」と書いてある。

(3) **d)**

「地球が太陽の周りを回る」ことは**自然界の法則（不変の真理）**なので、**現在形**を使います。主語の the earth が 3 人称単数かつ現在の時制なので、動詞の形は 3 単現の s をつけて revolve を revolves にします。

revolve は「回転する」という意味です。re- が「再び」＋ -volve は「回る」の組み合わせでできた単語で、「再び回る」→「回転する」という意味で使われます。

和訳：地球は太陽の周りを回っている。

(4) **b)**

この問題は［be always + Ving］の形で「いつも〜してばかりいる（それで困る）」という意味になる慣用表現です。これは always「いつも」と進行形による臨場感を組み合わせた使い方で、話者の不快感を表します。「いつも同じことを繰り返していてうんざり」というイメージです。また、熟語で go wrong with は「調子がおかしい」の意味で使われます。

和訳：その機械の調子がいつもおかしくて困っている。

過去形

過去形は過去の出来事を表す

過去に起こったこと、過去にしたことを表すときは過去形を使います。規則動詞には原則として原形の語尾に ed をつけ、不規則動詞なら不規則に変化した過去形を使います。主語による動詞の形の変化はありません。

> I watched the horror movie **last night**.
> 私は昨夜、ホラー映画を見ました。
> I sent him an e-mail **yesterday**.
> 私は昨日、彼にメールを送りました。

上の文の last night「昨夜」と下の文の yesterday「昨日」は過去を表す語句です。下の文の sent は不規則動詞 send の過去形です。過去形の文でよく用いられる、過去を表す語句を以下にまとめます。ちなみに、上の英文は SVO の第 3 文型（p.039）、下の英文は SV O₁ O₂ の第 4 文型（p.042）です。

過去を表す語句の例
- yesterday（昨日）
- last Sunday（この前の日曜日）
- five days ago（5 日前）
- in 2004（2004 年に）
- last year（昨年）
- this morning（今朝）

高校生から「実は中学生のときにサボって不規則動詞を覚えていないんです」という相談を受けることがあります。まずは不規則動詞の活用をしっかり覚えてください。この後で学習する現在完了、過去完了、未来完了、仮定法過去完了などは不規則動詞の活用を覚えていることが前提になるからです。本書の巻末の表とテストを利用して、この機会に覚えてしまいましょう。

✦ 覚醒POINT ✦

動詞の過去形はしっかり覚えていますか？
（自信のない人は p.176 へ）

| 問 題 |

(1) 次の空所にあてはまる語を a) ～ d) から 1 つ選び、記号で答えなさい。

Yesterday, my boss (　　　) me an email.

a) is sending　　　b) sent　　　c) sended　　　d) sending to

（会津大）

(2) 次の空所にあてはまる語を a) ～ d) から 1 つ選び、記号で答えなさい。

The teacher marked the papers (　　　).

a) after got home　　　　　b) after he got home

c) after he home get　　　　d) after he home got

（熊本県立大）

| 解 答 |

(1) **b)**

→過去を表す副詞 yesterday が文頭にきています。頻度を表すもの以外の副詞は語順の自由度は高く、文頭と文末にも置けます。c) は send に ed をつけていますが、send は不規則動詞で過去形は sent です。この文の文型は SVO_1O_2 の第 4 文型です。

和訳：昨日、私の上司が私にメールを送ってくれた。

(2) **b)**

「家に帰ってレポートの採点をした」という状況を考えると、厳密には「帰宅」が「レポートの採点」より前の出来事です。しかし、特に前後関係をアピールする必要がないのであれば、ふつうに過去形の got を使います。また、語順に注目してみましょう。after は接続詞として使われ、後ろは SV の語順になっています。さらに、home は副詞で「家に」という意味なので、文末に置けば OK です。

和訳：先生は帰宅した後、レポートの採点をした。

進行形

一時的なことを表すのが特徴

現在進行形の意味① 「今〜しているところだ」

現在進行形は「今この瞬間していること」を表すときに使います。[be 動詞＋Ving] の形で「〜しているところです」と訳します。特に何かのはじまりと終わりが明確にあることに対して、**その動作が一時的におこなわれていること**を表します。現在形は「基本的にいつもおこなわれること」を表すのに対し、現在進行形は「一時的に今おこなわれていること」を表すという違いがあります。

> I **am having** a club meeting with my peers now.
> 私は今、仲間と部活の会議をしているところです。

現在進行形の意味② 「〜の途中である」ことを表す

現在進行形は「〜の途中」というニュアンスで使われることもあります。「(完全ではないが)〜しつつある」の意味を表します。訳すときは文脈に応じて「〜しかけている」などと訳すとよいでしょう。

> Many species of plants and animals **are facing** extinction due to climate change.
> 多くの植物や動物の種が、気候変動によって絶滅の危機に直面しつつあります。

過去進行形は過去の一時的な出来事を表す

過去進行形は過去の一時的な行為を表します。[be 動詞の過去形＋Ving] の形を使います。

> I **was playing** the piano when you called me.
> 私はあなたが電話してきたとき、ピアノを弾いているところだった。

✦ 覚醒POINT ✦

進行形は一時的なことや途中であることを表す！

未来進行形は未来の時点で進行中の出来事やなりゆきを表す

未来進行形は未来の時点までに「〜することになっている」というときに使い、[will be + Ving] で表します。

> ## The museum **will be closing** in ten minutes.
> 10 分後に博物館は閉館いたします。

自然な流れとしてそうなることを伝えるので、お店や館内アナウンスなどで使われます。

問　題

（1）　次の空欄にあてはまる適切なものを a）〜 d）から 1 つ選びなさい。

Every member of the team（　　）to bring the project to success.

a) is doing efforts　　　　　b) is working hard

c) are doing their best　　　d) have contributed

（中央大）

（2）　次の空所にあてはまる語を a）〜 d）から 1 つ選び、記号で答えなさい。

When I came home, my brother（　　）the guitar in the living room.

a) plays　　　b) is playing　　　c) was playing　　　d) has played

（関西学院大）

解　答

（1）　b)

→進行形の識別問題です。「意味」だけで考えると全部正解に見えてしまいます。しかし、このような問題を解くときは「カタチ」が最も重要です。まずは主語と動詞の**単複**をチェックします。every member の **every は単数扱い**です。つまり、be 動詞の形は is にしなくてはいけません。正解は b) の is working hard「懸命に頑張っている」です。a) の efforts に関しては相性の良い動詞が make のため、doing efforts は使えません。c) の are は主語が複数のときに使います。d) have contributed「貢献した」は現在完了ですが、have が has になっていないので不正解です。

和訳：チームの全てのメンバーがそのプロジェクトを成功させようと懸命に頑張っている。

（2）　c)

→ When I came home「帰宅したとき」という過去の時点で「ギターを弾いていた」という一時的な行為を表す was playing が正解です。

現在完了

過去が現在に影響を及ぼすニュアンス

現在完了の3用法

現在完了が表す内容には大きくわけて3種類ありますが、いずれも「**過去にしたことが現在に何らかの影響を及ぼしている**」ことがポイントです。つまり、「**現在時制の仲間**」と考えてOKです。

現在完了の形は[have[has]+過去分詞（p.p.）]です。主語が3人称単数のときはhasを使います。用法として、継続用法、経験用法、完了・結果用法の3つがあります。

①継続用法

現在完了の継続用法は「ずっと〜している」という意味を表します。**過去から現在まで、ずっと何かが続いてきたことを表します。**

We **have known** each other **for ten years**.

私たちは10年間ずっとお互いを知っています。

My girlfriend **has been** busy **since last week**.

僕の彼女は先週からずっと忙しいです。

We **have been** busy **since yesterday**.

私たちは昨日からずっと忙しいです。

上の英文を見るとわかるとおり、現在完了の継続用法の文では、期間や「〜以来」を表す語句がよく使われます。

for は期間、since は「〜以来」を表す

10年間や3日間などの期間を表すときはforを、「〜以来」「〜から」を表すときはsinceを使います。sinceの後はlast weekやyesterdayなどの名詞だけでなく、文が入ることもあります。[主語+動詞]の要素を含むものを「節」といいます。

> We **have been** good friends **since we were** children.
> 私たちは子どもの頃からずっと親しい友人です。

since we were children は since our childhood と言い換えることもできます。

現在完了の否定文・疑問文・答え

現在完了の否定文は [have[has] ＋ p.p.] の have の後に not を置き、[have[has] not ＋ p.p.] の形になります。継続用法なら「ずっと～していない」の意味になります。

> I **have not played** basketball **since my junior high school days**.
> 私は中学以降ずっとバスケットボールをしていません。

この英文は中学時代まではバスケットボールをしていたけれど、それ以降はずっとバスケットボールをしていないことを表しています。

疑問文は語順が変わります。完了形の場合は、主語と have[has] がひっくりかえります。

> **Have** you **played** basketball **since your junior high school days**?
> あなたは中学時代からずっとバスケットボールを続けてきたのですか。

答えは次のように使い分けます。have not の短縮形が haven't です。

肯定　Yes, I **have**.　はい、続けてきました。
否定　No, I **haven't**.　いいえ、続けてきてはいません。

②経験用法

現在完了の経験用法の文は、**「過去にしたことを今も保有している（過去の経験値を今も持っている）」ということを表します**。「～したことがある」と訳すとよいでしょう。before「以前」や once「1度」などの回数を表す語が使われることが多いです。

> **I have watched** that movie **seven times.**
> 私はあの映画を7回見たことがあります。

回数は once「1度」や twice「2度」のほかに、3回や4回などは three times や four times など、times をつけて表現します。明確に回数を覚えていない場合は many times「何度も」などと伝えても OK です。また、ever「今まで」や never「一度も〜ない」などの語も使われますが、never を置く位置には注意してください。

> **I have never visited** Australia.
> 私はオーストラリアに一度も行ったことがない。

 ③完了・結果用法

現在完了の文で「〜したところです」のように訳されるのは完了用法です。「過去に何かをして今に至る」という、「過去が現在に影響を及ぼす」現在完了に共通のニュアンスを含んでいます。完了・結果用法でよく用いられる already「すでに」や just「ちょうど」などの語を置く位置に注意が必要です。

> **I have already finished** my homework.
> 私はすでに宿題を終えました。
> **I have just come** back from work.
> 私はちょうど仕事から帰ってきたところです。

just や already は［have + p.p.］の形の have の後、p.p の前に置きます。
どちらの文も「過去に何かをして今に至る」というニュアンスがあります。上の文は「宿題を終えて今に至る」、下の文は「仕事から帰って今に至る」ということです。
yet は文末に置かれますが、否定文では「まだ〜ない」、疑問文では「もう〜しましたか」の意味になります。

> **I have not finished** my homework **yet.**
> 私はまだ宿題を終えていない。
> **Have** you **finished** your homework **yet**?
> あなたはもう宿題を終えましたか。

現在完了の完了・結果用法で識別が必要なもの

現在完了を用いて「行ってしまった」と「行ったことがある」を表す際は注意が必要です。have gone to は「行ってしまった（もうここにはいない）」を表します（完了・結果用法）。have been to は「行ったことがある」を表します（経験用法）。

> My brother **has gone to** Los Angeles.
> 私の兄はロサンゼルスに行ってしまった。
>
> My brother **has been to** Los Angeles.
> 私の兄はロサンゼルスに行ったことがある。

✦ 覚醒POINT ✦

since や already などの語句に注目して
現在完了の文を和訳する！

現在完了進行形は「ずっと〜し続けている」

現在完了進行形は現在完了の［have［has］＋ p.p.］と現在進行形の［be 動詞＋ Ving］の形が合体したものです。形は have been Ving を使います。意味は「ずっと〜し続けている」の意味です。

> She **has been working** at the company since 2010.
> 彼女は 2010 年からずっとその会社で働き続けています。

現在完了の継続用法と現在完了進行形の違いは、継続用法の強調です。日本語訳では「ずっと〜し続けている」とほぼ変わらないので、違いが見えにくいですが、現在完了進行形では動作動詞（自分の意志でできること、study、learn、read など）が使われ、「ずっと〜し続けている」と、継続を強くアピールしているように聞こえます。次の例を見てみましょう。

> I **have been studying** English for six years.
> 私は 6 年間ずっと英語を勉強し続けている。

これは 6 年間ノンストップで勉強しているというよりも、長期にわたって英語学習が続けてこられたことを表しています。

一方、現在完了の継続用法では、状態動詞がよく使われます。

> **My brother has been busy since last week.**
> 私の兄は先週からずっと忙しいです。

be 動詞が状態動詞なので、現在完了進行形にはせず、現在完了で継続を表します。

| 問　題 |

(1)　次の空所にあてはまる語を a)〜d) から1つ選び、記号で答えなさい。

(　　) 2003, we have built our reputation as a global company by selling our products to 20 countries.

　a) Before　　b) By　　　　c) In　　　　d) Since

（会津大）

(2)　次の空所にあてはまる語を a)〜d) から1つ選び、記号で答えなさい。

A：Were you always a history teacher?

B：No, I wasn't.

A：How long (　　) history then?

B：Since 2015. Before then, I was an English teacher.

　a) do you teach　　　　　　b) have you taught

　c) had you taught　　　　　d) would you teach

（中央大）

(3)　次の空所にあてはまる語を a)〜d) から1つ選び、記号で答えなさい。

Have you finished your homework (　　)?

　a) still　　　b) just　　　c) ever　　　d) yet

（奥羽大）

(4)　次の英文を和訳しなさい。

Bill has been teaching English at a conversation school in Osaka for three years.

※ a conversation school：英会話学校　　　　　　　　　　　（秋田県立大）

解　答

（1）　**d)**

→ この英文では have built が現在完了なので、2003 年から現在までずっとその評判が続いていることを表しています。この英文のように、強調するときは副詞句（Since 2003,）が文頭にくることもあります。

和訳：2003 年から、我々は 20 か国に商品を売ることによってグローバル企業として評判を確立してきた。

（2）　**b)**

→ 「ずっと歴史の先生だったのですか」という過去形の質問に対して、「いいえ」と否定しています。次に「ではずっとではなく、どのくらいの期間継続して教えているのか」を尋ねる How long ～? の質問に対して Since 2015.「2015 年以来」と答えています。「過去から現在のどのくらいの間歴史を教えてきたのか」を尋ねる現在完了（継続用法）の **have you taught** が正解です。

和訳：A：あなたは常に歴史の先生だったのですか。
　　　B：いいえ、そうではありませんでした。
　　　A：それではどのくらい歴史を教えてきたのですか。
　　　B：2015 年からです。それ以前は、私は英語の先生でした。

（3）　**d)**

問題文は現在完了［have + p.p.］の疑問文です。文末に yet をつけると「もう～しましたか」の意味になります。

和訳：宿題はもう終わりましたか。

（4）　ビルは 3 年間大阪の英会話学校でずっと英語を教え続けています。

［have been Ving］は**現在完了進行形**です。動作動詞と現在完了進行形は相性が良く、「ずっと～し続けている」の意味で使われます。現在完了進行形と一緒に使われる for three years「3 年間」も要チェックです。現在完了進行形は継続用法の強調として使われるので、相性の良い語句は現在完了の継続用法と同じなのです。

✦ 覚醒POINT ✦

現在完了の文は「現在にも影響がある」ことを表す！

過去完了

過去の基準点から見たことを表す

✏ 過去完了は過去の基準点よりも 1 つ前の時制を表す

過去完了の文は過去の基準点が設定され、それよりも 1 つ前の段階で何かが完了していることを表します。 文の形は［had + p.p.］です。「〜したとき、すでに…していた」のような意味を表すときによく使われる文です。

以下の英文は過去完了がどのようなときに使われるのかがよくわかる例文です。

> The train **had already left** when I got to the station.
> 私が駅に着いたとき、電車はすでに出発していた。

次の文も過去完了の文です。過去の基準点より 1 つ前に何かが起こっているという内容です。

> | 過去の基準点 | 過去より 1 つ前の時制 |
>
> **By the time** we <u>got</u> to the theater, the movie **had already started**.
> 私たちが映画館に着いたときには、映画はすでに始まっていた。

過去よりも 1 つ前の時制を大過去といいます。大過去とは「大昔」のような意味ではなく、ほんの 5 分前の過去の出来事でも、それを基準にした 1 つ前の出来事を表すときは大過去を使います。大過去は［had + p.p.］で表します。

過去完了の受動態

> When I **got** to the bookstore, the new book **had already been sold** out.
> 私が書店に着いたとき、新しい本はすでに売り切れていた。

過去の基準点より1つ前の出来事に過去完了を使う点は同じです。さらにここでは [had been + p.p.] という形を使っています。[be 動詞+ p.p.] は「〜される」という受動態なので、「(過去の基準点の前に) すでに〜されていた」という意味になります。

過去完了進行形は過去より前の時から過去の基準点までの継続を表す

過去完了が、過去の基準点の1つ前の時制で「すでにそうなっていた」という意味になるのに対して、過去完了進行形は「そこまで継続して〜し続けていた」というニュアンスがあります。[had + p.p.] と [be 動詞+ Ving] を合わせて使い、[had been Ving] で表現します。

> I **had been watching** the movie when my friend **came over** to my house.
> 友達が家に遊びに来てくれたとき、私はずっと映画を観ていた。

過去完了進行形のゾーン　　　過去の基準点

大過去　　had been Ving　　過去

✦ 覚醒POINT ✦

過去完了は過去の基準点を見つけることが大切!

(1)　次の空所にあてはまる語を a)〜d) から1つ選び、記号で答えなさい。

The train had already left when I (　　) at the station.

a) arrive

b) have been arrived

c) have arrived

d) arrived

(駒澤大)

(2)　下の日本文の意味になるように、次の英文の空所にあてはまる語を a)〜d) から1つ選び、記号で答えなさい。

We were stuck in a traffic jam for nearly an hour on the way to the stadium. (　　) we arrived, all the good seats had already been taken.

私たちはスタジアムに向かう途中で，1時間近く渋滞につかまった。到着するまでの間に、良い席は全部埋まってしまっていた。

a) Until

b) Until the time

c) By the time

d) By that time

(成城大)

解　答

(1)　**d)**

→過去完了の基本パターンです。「駅に着いたとき」と「出発していたとき」で時制のズレがあります。過去の基準点を示す必要があるので、空所には arrived と過去形が入ります。

和訳：私が駅に着いたとき、電車はすでに出発していた。

(2)　**c)**

→過去の基準点の arrived と、それよりも1つ前の時制を表す [had + p.p.] が使われています。ここでは had been p.p. という過去完了の受動態が使われているので「良い席がすでに取られていた」という意味になります。後ろに SV の形を置くことができ、かつ「〜する頃までには」と過去の基準点を示すことができるのは By the time のみです。ちなみに、ここでは already があるので完了用法になっています。until は「〜までずっと」という継続の意味で使われます。

未来完了

未来完了は未来の基準点から見たことを表す

未来完了の3用法

未来完了は現在完了の［have［has］＋p.p.］という形の前にwillをつけた形で表します。［will＋have＋p.p.］となり、現在完了の各用法の要素と未来の意味を合わせ持っています。現在完了と同様に、継続用法、経験用法、完了用法があります。

① 継続用法

未来完了の継続用法は「ずっと〜しているだろう」という意味を表します。

> **We will have lived here** for two years next year.
> 私たちは来年で2年間ここに住んでいることになる。

for two years は「2年間」を表します。継続の「ずっと〜している」の意味に、未来の意味が付け足されたものです。「来年」は未来の基準点になっており、来年の基準点で住み始めから2年間ずっと住んでいる、ということを表します。

過去　　　　　　　　　　　　　　　現在　　　　　　　　　　　　　　　未来

② 経験用法

未来完了の経験用法では、回数を表す語がいっしょに用いられることが多い点は、現在完了の経験用法と同じです。現在完了と異なる点は、「もう一度見たら」や「もう一度訪れたら」のような内容が if 節とともに使われる点です。このようなパターンの英文は、入試問題でもよく登場します。

> If I watch the movie one more time, I **will have seen** it **seven times**.
> もし私がその映画をもう一度見たら、それを7回見たことになるだろう。

✏️ ③ 完了用法

未来完了の完了用法は「〜する頃までには…しているだろう」のパターンが頻出です。

> **By the time** we get to the lobby, the movie star **will have left**.
> 私たちがロビーに着く頃までには、映画スターは出発していることだろう。

By the time の節内で使われている get が現在形なのは、**「時や条件を表す副詞節の中では未来のことでも現在形で表す」というルールがある**からです(p.158 参照)。未来のある基準点が示され、その基準点では「出発しているだろう」という完了を表しています。

問 題

(1) 次の空所にあてはまる語を a) 〜 d) から 1 つ選び、記号で答えなさい。
Next month, I (　　) here for five years.
a) have lived   b) will live   c) will have lived   d) live

(成城大)

(2) 次の空所にあてはまる語を a) 〜 d) から 1 つ選び、記号で答えなさい。
I love this novel very much. If I read it again, I (　　) it five times.
a) read   b) would read   c) have read   d) will have read

(亜細亜大)

(3) 次の空所にあてはまる語を a) 〜 d) から 1 つ選び、記号で答えなさい。
The students will (　　) the assignment by the end of this month.
a) finishing   b) be finished
c) have finished   d) have been finished

(中部大)

(4) 次の空所にあてはまる語を a) 〜 d) から 1 つ選び、記号で答えなさい。
We will have arrived at the station by the time John's train (　　).
a) came   b) was coming   c) comes   d) was about to come

(福岡大)

(5)　次の空所にあてはまる語を a) ～ d) から 1 つ選び、記号で答えなさい。

Yoko and Mariko moved to Singapore when they were young, and next year they（　　）there for 50 years.

a) have lived　　b) are to live　　c) will have lived　　d) are living

（青山学院大）

解　答

(1)　**c)**

→問題文は未来の基準点は「来月」です。for five years とあるので「5 年間」という未来までの継続を表すとわかります。正解は **will have lived** です。

和訳：来月で私はここに 5 年間ずっと住んでいることになる。

(2)　**d)**

→ if 節や回数が示される未来完了の経験用法です。「もしそれをもう一度読んだら」という未来の基準点が示されています。正解は **will have read** です。ちなみに、If I read it again, の部分が現在形なのは「時と条件を表す副詞節の中では未来のことでも現在形で表す」というルールがあるからです。

和訳：私はこの小説がとても好きだ。もしそれをもう 1 回読んだら、5 回読んだことになる。

(3)　**c)**

→ by the end of this month「今月末までに」という未来の基準点が示されているので、未来完了の完了用法だとわかります。直前に will があるので、正解は will have p.p. の公式にあてはめて **c) have finished** です。

和訳：今月末までに、生徒たちは課題を終えていることだろう。

(4)　**c)**

→前半に［will have p.p.］が使われているので未来完了とわかります。後半の by the time 以降は「時や条件を表す副詞節」なので、未来のことでも現在形で表します。

和訳：ジョンの乗る電車が来る頃までには、私たちは駅に着いていることだろう。

(5)　**c)**

→未来の基準点として next year「来年」が示されているので、正解は **c) will have lived** となります。未来完了の継続用法です。シンガポールに引っ越した過去の地点から、その未来の基準点まで 50 年間ずっと住んでいることになります。

和訳：ヨウコとマリコは幼い頃シンガポールに引っ越した。来年で 50 年間、シンガポールに住んでいることになるだろう。

不定詞

[to +動詞の原形] でさまざまな意味をつけ加える

不定詞は [**to +動詞の原形**] というカタマリの形で、さまざまな意味を加えます。文中での役割によって名詞的用法、形容詞的用法、副詞的用法の 3 種類があります。

① 名詞的用法

不定詞の名詞的用法は「名詞のように使われる用法」です。次の例文を見てください。

She likes to read books .
彼女は 本を読むこと が好きだ。
---

like は他動詞です。他動詞は後ろに目的語をとります。目的語になるのは名詞で、カタマリで 1 つの名詞の役割をしている to read books です。「本を読むこと」という意味です。

不定詞の名詞的用法は名詞の役割をするので、文の S（主語）、O（目的語）、C（補語）になれます。名詞的用法は動詞を名詞化したもので、「〜すること」と訳すとよいでしょう。

- ●読む（動詞） → 読むこと（名詞）
- ●走る（動詞） → 走ること（名詞）

To read books is fun.　本を読むこと は楽しいです。
　　S　　　　 V　 C

I want to read books .　私は 本を読むこと を欲する。→私は本を読みたい。
S　V　　　O

My dream is to be a writer .　私の夢は 作家になること です。
　 S　　 V　　　C

✐ 不定詞の主語が長いときは形式主語を使う

不定詞［to ＋動詞の原形］を主語にすると、主語が長くなることがあります。その場合、主語をシンプルにするため、仮の It を主語にします。その It を形式主語といいます。また、to ＋動詞の原形から後ろの部分が本当の主語なので真主語といいます。

To read books is interesting.
        S   V   C

It is interesting to read books .　本を読むこと は興味深いです。
S V   C

To stay healthy is important. ➡ It is important to stay healthy .
健康を保つこと は重要です。

形式主語の it は「それ」と訳してはいけません。to 以下の「健康を保つこと」を本当の主語として訳すようにしてください。また、形式主語の文で意味上の主語を示したいときは［for ＋ 人］の形で表します。

                            s'   v'
It is important for elderly people to stay healthy .
高齢者が 健康を保つこと は重要です。

for elderly people と stay healthy の間には主語と述語（人が〜する）の関係があります。「高齢者にとって健康を保つこと」としても OK ですが、［for ＋ 人］は意味上の主語を表すので、「高齢者が健康を保つこと」と訳すと正確です。
形式主語の他にも、形式目的語というものがあります。形式目的語の it を使うことによって、SVOC の第 5 文型の形をシンプルにつくることができます。次の文は形式目的語を使った文です。

        形式目的語   真目的語
I found it hard to make new friends（in a foreign country）.
S V   O C

私は 外国で新しい友人をつくること が難しいと思った。

この文を形式目的語を用いない文にすると、以下のようになります。

I found to make new friends in a foreign country hard.
S　V　　　　　　　　　O　　　　　　　　　　　　　C

上の文では、英文の構造が見えにくくなります。O が長すぎて、切れ目がわかりにくくなるからです。仮の it を置くことで SVOC をスッキリつくり、その後で to 以下を示すほうがわかりやすい英文になります。また、後に続く内容を期待させるような効果もあります。

「私はあることを難しいと思いました」→「何を難しいと思ったのか」というように、続く内容を期待させるような語順になっています。

p.050 で見たように、**O と C の間には主語と述語の関係があります**。訳すときは「私は外国で新たな友人をつくることが難しいと思いました」と「O が〜と思う」のパターンを活用して訳すとよいでしょう。

I expected to see him (at noon).
S　V　　　　　O

私は彼に正午に会うことを期待していた。

expect は他動詞なので、後ろに名詞が必要です。to see him で 1 つの名詞句のカタマリをつくり、「彼に会うことを期待する」の意味になります。

✦ 覚醒POINT ✦

不定詞の名詞的用法は S, O, C になる！

② 形容詞的用法

不定詞の形容詞的用法は「〜すべき」や「〜するための」と訳すとよいでしょう。
形容詞の働きをし、名詞を後ろから詳しく説明します。

I have a lot of work [to do].
S V   O

私はたくさんすべき仕事があります。

形容詞は名詞を修飾する詞だということは p.018 で学習しました。これまでに見て
きた形容詞は前から名詞を修飾する前置修飾でしたが、上の文のように後ろから
名詞を修飾することもできます。これを後置修飾といいます。[to ＋動詞の原形]
のように名詞についての説明が 2 語以上続くとき、形容詞は名詞を後ろから修飾
する後置修飾になります。以下の例文で確認してください。

My son needs a laptop [to write his paper with].
S   V   O

私の息子は論文を書くためのノートパソコンが必要だ。

 something ＋形容詞

名詞の something を修飾するときは注意が必要です。形容詞が 2 語以上の場合
だけでなく、**1 語のときも後置修飾**になります。次の例文を見てください。

I'm working on something important.

私は重要なことに取り組んでいます。

I want something [hot] [to eat].　私は何か熱い食べ物がほしい。

「重要なこと」は important something ではなく something important となります。
2 つ目の文の something hot to eat は、形容詞の hot が後置修飾、さらに to
eat も something を後ろから修飾しています。

 ③ 副詞的用法

不定詞の副詞的用法は、動詞を修飾する副詞の役割をします。「〜するために」

と訳すとよいでしょう。次の例文を見てください。

> I exercise regularly (to stay healthy).
> 私は健康を保つために定期的に運動します。

動詞の exercise を to stay healthy が「健康を保つために」と修飾しています。
不定詞の副詞的用法が文頭にある場合は、文全体を修飾します。

> 文全体を修飾
> (To stay healthy), I exercise regularly.
>   S   V   M
> 健康を保つために、私は定期的に運動します。

副詞は名詞以外の品詞を修飾できます。不定詞の副詞的用法には、感情を表す
形容詞を修飾する役割もあります。次の例文を見てください。

> I'm happy (to be here).
> 私はここにいられて嬉しいです。

不定詞が形容詞 happy を修飾しています。訳すときは、上の例文のように「～して」
と訳すと自然になります。このように用いられる感情を表す形容詞には、以下のよう
なものがあります。

> ■ happy「嬉しい」　　■ glad「嬉しい」　　■ sad「悲しい」
> ■ surprised「驚いている」　　■ relieved「安心している」

relieved は形容詞で「ほっとしている」の意味です。この過去分詞が形容詞にな
るということについては p.092 で扱います。

> He is **sad** (**to hear** that).
> 彼はそのことを聞いて悲しんでいる。

この to hear that は形容詞の sad を修飾しています。訳は「～して悲しい」とします。

> I **am relieved** (**to hear** her safe return).
> 私は彼女の無事の帰還を聞いてほっとしている。

to hear her safe return が relieved という形容詞を修飾しています。この形容詞の relieved は、厳密に言うと「ほっとさせられている」の意味になります。

🖊 「使役」の意味を表す ［動詞 人 to ＋動詞の原形］

tell などの動詞の後に人を置き、その後に不定詞を置くと「〜するように言う」という意味になります。［動詞 人 to ＋動詞の原形］の語法は「人 に働きかけて〜させる」という「使役」の意味が含まれています。次の例文を見てください。

> He **told me to be** quiet.
> 彼は私に静かにするように言った。

［tell 人 to ＋動詞の原形］は「人 に〜するように言う」となります。「（命令口調で）人に〜するように言う」というニュアンスです。

> He **asked me to be** quiet.
> 彼は私に静かにするように頼んだ。

［ask 人 to ＋動詞の原形］は「（丁寧に）人 に〜するよう頼む」となります。どちらも**「人に行動を促す」点は共通していて、「使役」といいます**。「（これから）人に〜させる」ということです。

> She **persuaded me to buy** the expensive watch.
> 彼女は私にその高価な時計を買うように説得した。

［persuade 人 to ＋動詞の原形］は「人 に〜するよう説得する」という意味です。「人 に説得をして（これから）〜させる」ということです。

🖊 「人が〜できるようにする」の意味を表す ［動詞 人 to ＋ 動詞の原形］

［動詞 人 to ＋動詞の原形］は「人 に〜させる」の意味になるものが中心ですが、「できる」のニュアンスが強いものもあります。次の例文を見てください。

> The company policy **allows workers to work** from home.
> 会社の方針が社員が在宅勤務できるようにしてくれている。

[allow 人 to ＋動詞の原形] の形で「人が〜できるようになる」という意味になります。「人に〜することを許す」の意味でも通じる場合もあります。allow のほかに enable「可能にする」や encourage「励ます」などの動詞も、[動詞 人 to ＋動詞の原形] の形で「人が〜できるようになる」の意味を表します。

■ tell 人 to 動詞の原形	（命令口調で）人に〜するように言う
■ ask 人 to 動詞の原形	（丁寧に）人に〜するように頼む
■ want 人 to 動詞の原形	人に〜してほしい
■ get 人 to 動詞の原形	人に〜してもらう
■ force 人 to 動詞の原形	人に〜させる
■ persuade 人 to 動詞の原形	人に〜するよう説得する
■ convince 人 to 動詞の原形	人に〜するよう納得させる
■ advise 人 to 動詞の原形	人に〜するよう助言する
■ urge 人 to 動詞の原形	人に〜するように促す
■ warn 人 to 動詞の原形	人に〜するように警告する
■ enable 人 to 動詞の原形	人が〜できるようになる
■ allow 人 to 動詞の原形	人が〜できるようになる
■ encourage 人 to 動詞の原形	人に〜するように奨励する

🖍 使役動詞の make / have / let

[make O 動詞の原形] で「O に〜させる」という意味になります。この場合の make は使役動詞と呼ばれます。この場合は動詞の原形が用いられますが、これは to のない不定詞というとらえ方をされていて、そのため原形不定詞という名前で呼ばれます。

My mom **made me eat** spinach.
私の母が私にほうれん草を食べさせた。

大昔の英語では動詞に to がついていたという説があります。実際、シェイクスピアの英語では to がついているものもありますが、現在の英語では使役で「人に〜させる」の意味で使う場合、[make O 動詞の原形] の形を使います。

■ make O 動詞の原形　　（強制）「O に〜させる」
■ have O 動詞の原形　　（当然）「O に〜してもらう」
■ let O 動詞の原形　　　（許可）「O に〜させてあげる」

［make O 原形］は「（強制的に）O に〜させる」のニュアンスなのに対して、
［have O 原形］は「（当然の義務として）O に〜してもらう」の意味で使われます。
次の例文を見てください。

I **had the bellboy carry** my luggage.
私はベルボーイに手荷物を運んでもらった。

ベルボーイが荷物を運ぶのは職務の一つで「当然やるべきこと」です。このような
場合は have を使います。have はその人の意志（やりたいか、やりたくないか）と
は関係なく、仕事や義務としてしてもらう場合に用います。
make、have、let の中では、let だけはニュアンスが異なります。let には許可の
意味が含まれています。次の例文を見てください。

Please **let me introduce** myself.
自己紹介させてください。

［let O 動詞の原形］で「O に〜させてあげる」の意味になります。let me 〜で「〜
させてください」と相手を立てた言い方になります。

問　題

(1)　次の［　　］内の語を並べ替え、日本語の意味に合う英文を書きなさい。
　　子どもたちにとってさえ、この救急箱を使うのは簡単です。
　　It is [even / for / to / easy / use / kids] this first aid kit.

（愛知工業大）

(2)　次の空所にあてはまる語を a) 〜 d) から 1 つ選び、記号で答えなさい。
　　I found it possible (　　　) in the business.
　　a) to succeed　　　　　b) succeeded
　　c) succeed　　　　　　d) have succeeded

（拓殖大）

(3)　次の空所にあてはまる語を a）〜 d）から 1 つ選び、記号で答えなさい。

As usual, Hanako was the first student（　　）the assignments.

a）finished　　　　b）finishing

c）to finish　　　　d）to be finished　　　　　（武蔵野美術大）

(4)　次の空所にあてはまる語を a）〜 c）から 1 つ選び、記号で答えなさい。

Olivia decided to go back to Australia, so I went to Narita airport
（　　）.

a）to see her off　　b）to see off her　　c）off to see her

（和洋女子大）

(5)　次の空所にあてはまる語を a）〜 d）から 1 つ選び、記号で答えなさい。

The English teacher（　　）her students to read English novels
and newspapers.

a）created　　　　b）encouraged

c）prevented　　　d）recognized　　　　　（関西学院大）

(6)　次の空所にあてはまる語を a）〜 d）から 1 つ選び、記号で答えなさい。

These words made me（　　）slightly uncomfortable.

a）feel　　b）felt　　c）to feel　　d）feeling

（法政大）

解　答

(1)　It is [easy even for kids to use] this first aid kit.

　⇒ It は**形式主語**で to 以下が**真主語**です。It is の後には補語になる形容詞が入るので、まずは It is easy とします。意味上の主語を示すときは［for ＋人］の形を使うので for kids となります。その後に真主語の to use が続きます。今回は「〜でさえ」にあたる強調の even を入れる必要があるので、for kids の前に置きます。

(2)　a）

　⇒ I found it possible とあるので、it が**形式目的語**となっている可能性を考えます。選択肢の中で真目的語を示すことができる［to ＋動詞の原形］は a）to succeed です。

　和訳：私はビジネスで成功することができると思った。

(3) **c)**

➡ the first student「最初の生徒」の後に**不定詞の形容詞的用法**で後置修飾します。「課題を終わらせた最初の生徒」と名詞にかかるようにします。

和訳：いつものように、ハナコは課題を終わらせた最初の生徒だった。

(4) **a)**

➡前半に「オリヴィアはオーストラリアに戻ることに決めた」とあります。この［to ＋動詞の原形］は［decide to ＋動詞の原形］「〜することに決める」の形です。等位接続詞の so は因果関係を表し、「だから〜だ」の意味になります。I went to Narita airport ...とあるので、その後には「何のために」という目的に関する表現が入ります。［see 人 off］「人を見送る」の熟語も頻出なので覚えておきましょう。

和訳：オリヴィアはオーストラリアに戻ることに決めた。だから私は彼女を見送るために成田空港に行った。

(5) **b)**

➡選択肢の中で、［動詞 人 to ＋動詞の原形］の形をとることができるのは encouraged のみです。［encourage 人 to ＋動詞の原形］で「人に〜するよう奨励する」の意味です。prevent は［prevent O from Ving］で「O を〜することから妨げる」の意味になります。

和訳：英語の先生は生徒たちに英語の小説や新聞を読むことを奨励した。

(6) **a)**

➡［make O 動詞の原形］で「O に〜させる」の意味になります。me と feel の間に「私が感じる」という主語と述語の関係があることもポイントです。

和訳：こういった言葉が私を少し不愉快な気持ちにさせた。／こういった言葉によって、私は少し不愉快な気持ちになった。

動名詞

動名詞は主語、目的語、補語になれる

動名詞とは、動詞に -ing をつけて「〜すること」と動詞を名詞化したものです。
不定詞にはおもに 3 つの用法がありましたが、動名詞は動詞を「名詞化」するので、
名詞としての働きしかありません。p.013 でも解説したように、**名詞は文の中で主語、
目的語、補語の 3 つの役割**をすることができます。ですから、動名詞も同じように
主語、目的語、補語の役割ができます。

> play baseball → play**ing** baseball
> 野球をする→野球をする<u>こと</u>

動名詞が主語になる場合

次の文では動名詞が主語になっています。Reading は動詞 read に ing をつけて
「読むこと」と名詞化されたものです。Reading comics「マンガを読むこと」が主
語になっています。主語が長い場合はどこまでが主語かわかりにくいことがあります
が、主語の次にくる動詞の前までが主語になります。

> 〈Reading comics〉 **is** interesting. マンガを読むことはおもしろいです。
>   S   V   C

次の英文はどうでしょうか？　主語がどこまでか特定してみてください。

> Traveling to a new country in search of cultural experiences
> can broaden your horizons.

構文解析すると次のようになります。

> 〈Traveling (to a new country) (in search of cultural experiences)〉
>   S   M   M
> **can broaden** your horizons.
>   V   O
> 新しい国に文化的な体験を求めて旅行することは視野を広げてくれる。

このように、動名詞は長い主語でも使われるので、次の述語動詞（その英文のメインの主語に対する動詞のこと）を発見することで主語が明確になり、英文が理解できるようになります。in search of は「～を求めて」という意味の熟語です。

🖍 動名詞が補語になる場合

次の文では動名詞が補語になっています。

My hobby is reading comics.　私の趣味はマンガを読むことです。
　S　　　V　　　C

この英文では、reading comics「本を読むこと」が My hobby「私の趣味」を説明し、S＝C の関係になっています（文型は第 2 文型）。

🖍 動名詞が目的語になる場合

次の文では動名詞が目的語になっています。enjoy は他動詞ですから目的語が必要です。目的語は名詞でなくてはなりませんから、「マンガを読むこと」という名詞化された動名詞がきています。これは第 3 文型ですね。

I enjoy reading comics (in my free time).
S　V　　　O　　　　　　　　　M

私は暇なときマンガを読むことを楽しみます。

🖍 前置詞の後の動名詞は頻出

p.027 でも説明しましたが、前置詞は名詞の前に置かれる詞です。後ろにくる品詞は名詞のみです。したがって、前置詞の後に「～すること」という意味で動詞を置きたいときは動詞を動名詞にすればいいというわけです。

I am good at playing soccer.
私はサッカーをすることが得意だ。

be good at は「～が得意だ」という熟語です。at は前置詞なので、この場合、後ろには名詞化された動名詞がきます。

> He **is interested in studying** history.
> 彼は歴史を勉強することに興味がある。

be interested in は「〜に興味がある」という熟語です。in は前置詞なので、後ろには動名詞がきます。

> We are looking forward to **serving** you again.
> またのご搭乗を楽しみにお待ち申し上げます。（フライトのアナウンス）

上の文は to が前置詞なので、serve を serving にします。直訳すると「私たちは再びみなさまに尽くすことを楽しみにしています」という非常に丁寧な表現です。look forward の後は不定詞 to serve がくると勘違いしてしまいがちですが、to は前置詞なので動名詞の形にするのが正解です。

不定詞と動名詞の使い分け

不定詞の名詞的用法と動名詞はともに「〜すること」という意味を表しますが、**不定詞は未来志向、動名詞は過去志向**という特徴があります。次の例文を見てください。

> **Don't forget to bring** your umbrella with you.
> 傘を持って行くのを忘れないでください。
> I **forgot meeting** him somewhere before.
> 私は彼に以前どこかで会ったことを忘れた。

［forget to + V］が「（未来に）〜するのを忘れる」となるのに対し［forget + Ving］は「（過去に）〜したのを忘れる」という意味になります。このように、目的語が不定詞の場合と動名詞の場合では意味が異なる動詞の例を、以下に挙げておきます。

> ■ forget to + V「〜するのを忘れる」
> ■ forget + Ving「〜したのを忘れる」
> ■ remember to + V「〜するのを覚えている」
> ■ remember + Ving「〜したのを覚えている」
> ■ regret to + V「残念ながら〜する」
> ■ regret + Ving「〜したのを後悔する」

✦ 覚醒POINT ✦

不定詞は未来志向、動名詞は過去志向！

問　題

（1）次の英文の下線部を和訳しなさい。

Well, <u>my hobby is making videos.</u> In order to edit them on my computer, I have to store them, and they take up a lot of space.

（東北大／改）

（2）次の空所にあてはまる語を a）〜 d）から 1 つ選び、記号で答えなさい。

A：Will you be at the meeting tomorrow?

B：Yes, I will. I look forward（　　　）you again there.

a）see　　　b）to see　　　c）to seeing　　　d）will see

（学習院大）

解　答

（1）私の趣味は動画を作ることです。

➡動詞 make に ing がついた動名詞が使われています。my hobby ＝ making videos の関係があり、SVC の第 2 文型です。

和訳：ええと、私の趣味は動画を作ることです。パソコン上で編集するためには動画を保存しなくてはならず、動画はかなりの容量を必要とします。

（2）c）

➡動名詞の慣用表現 look forward to Ving「〜を楽しみにして待つ」の形を使います。**前置詞の後に動詞を置くときは動名詞にする**というルールから、前置詞 to の後に seeing という動名詞がきています。

和訳：A：明日は会議にいる予定ですか。
　　　B：はい、いる予定です。そこでまたお会いすることを楽しみにしています。

分詞

分詞は形容詞の働きをする

分詞には現在分詞（Ving）と過去分詞（p.p.）の2種類があります。
現在分詞は動詞に ing をつけるので動名詞と同じ形ですが、動名詞が名詞の働き
をするのに対し、現在分詞は形容詞の働きをします。過去分詞も形容詞の働きを
します。では、例で見ていきましょう。

1は形容詞が名詞を修飾している例、2は現在分詞が形容詞の働きをして名詞を
修飾している例、3は過去分詞が形容詞の働きをして名詞を修飾している例です。
1は形容詞の small「小さな」が名詞 children「子供たち」を修飾しています。
2は現在分詞の laughing が children という名詞を修飾する形容詞の役割をして
います。3は break の過去分詞 broken が名詞 heart を修飾しています。

1	small children	「小さな 子供たち」
2	laughing children	「笑っている 子供たち」
3	broken heart	「傷ついた 心」

現在分詞と過去分詞の使い分け

上の1〜3では、2で現在分詞、3で過去分詞が用いられています。この使い分
けの方法について、別の例で見ていきましょう。

現在分詞	a dancing baby
	「ダンシングベイビー」→「踊っている赤ちゃん」
過去分詞	the fried chicken
	「フライドチキン」→「揚げられたチキン」

現在分詞が使われるのは、名詞が能動的に「〜する / している」という意味になる
ときです。赤ちゃん本人が踊っているので、現在分詞の Ving を使います。これと同
じように sleeping baby も現在分詞を使います。「眠っている赤ちゃん」の意味です。
一方、「他者によって〜される」という意味のときは過去分詞を使います。フライド

チキンは「人によって揚げられたチキン」です。過去分詞ならば名詞は受動的に「〜
された」の意味になります。

前置修飾と後置修飾のパターンをおさえる

a dancing baby と the fried chicken は、いずれも分詞が前から後ろの名詞を
修飾しています。これを前置修飾といいます。これに対し、2 語以上の語句が続く
場合は後ろから名詞を修飾します。これを後置修飾といいます。まずは現在分詞か
ら見ていきましょう。

Look at the woman [running over there].
向こうを走っている女性を見てよ。

これは女性本人が走っている能動的な意味になるので現在分詞を使います。名詞
を修飾する語句が 2 語以上あるので、後置修飾しています。

次は過去分詞のパターンも見ていきましょう。

There are various languages [spoken in India].
インドで話されている言語は多数ある。

言語は「人によって話されるもの」なので過去分詞を使います。「インドにいる人に
よって、話されている言語」ということです。spoken in India は 3 語ですから、
後ろから名詞を修飾する後置修飾にしなければなりません。

have O 原形と have O p.p. の識別

ここからは O と C の間の関係を見ていきます。これは実は PART 2 の文型の第 5
文型で扱った知識と関連があります。「O と C の間には主語と述語の関係がある」
というルールを思い出して理解を深めていきましょう。

「O に〜してもらう」のとき、[have O 原形] になることは p.085 で解説しました。
ここでは have O p.p.「O が〜される」になるときの理解を深めていきましょう。

I had my watch repaired.　　私は時計を修理してもらった。
S　V　　O　　　　C

p.050で学習した「OとCの間には主語と述語の関係がある」というルールを思い出してください。「時計は時計屋さんに修理される」という関係なので、過去分詞を使います。[have O p.p.]は自分以外の「他者がそこにいることを匂わせる」ことができるのです。これは共通テストでもリスニングのイラスト問題で問われたポイントです。このように他に原因があったり、他の人からされたりする場合に過去分詞になります。これに対して、「その人自身が〜する」という能動的な関係を表すには、動詞の原形を使います。

<u>I</u> <u>had</u> <u>my tutor</u> <u>correct my English composition</u> (yesterday).
S V O   C   M

私は昨日、英作文を家庭教師に添削してもらいました。

上の文では、英作文の添削をするのは家庭教師です。しかも、お金を払えばサービスとして「当然」してくれることなので、makeではなくhaveを使っています。なお、目的語が「他者によって〜される」となるときは過去分詞を使います。

<u>I</u> <u>had</u> <u>my English composition</u> <u>corrected</u> (by my tutor) (yesterday).
S V O   C   M   M

私は昨日、英作文を昨日家庭教師に添削してもらいました。

ここでは目的語にmy English composition「私の英作文」がきているので、「他者に〜される」と考えて、correctedと過去分詞になっています。OとCの間の関係をチェックして能動か受動かを確認すれば確実に問題が解けるのです。

🖍 have O p.p.の「〜される」の「プラス」と「マイナス」

ここまで見てきたものは「修理してもらう」や「添削してもらう」など、誰かにしてもらうプラスの内容でした。さて、次の英文はどうでしょうか?

<u>I</u> <u>had</u> <u>my camera</u> <u>stolen</u> (yesterday).
S V O   C   M

私は昨日カメラを盗まれた。

---

stolen は steal「盗む」の過去分詞ですね。プラスのときには「〜してもらう」と訳しましたが、このようにマイナスの文脈になると「〜された」と訳すほうが自然です。

付帯状況の with も後ろは主語と述語の関係

with の後にも目的語と補語を置くことができます。そこに**能動の関係があるか**、それとも**受動の関係があるか**を見抜くことがポイントです。

> I was listening to the story with my legs crossed.
>   目的語   補語
>
> 脚＝組まれる の関係　私は脚を組みながらその話に耳を傾けていた。

脚は「自ら意志を持って組む」でしょうか、それとも「脳からの指令によって組まれる」でしょうか?　脳からの指令によって「組まれる」ものですから、cross「脚を組む」は過去分詞の crossed にして「組まれる」の意味にする必要があります。

この英文の with は「O を C しながら」という意味の**付帯状況の with** です。付帯状況の with は O（目的語）だけでなく C（補語）も必要とします。C は O を補足説明しています。

さて、次は**現在分詞の能動の関係**になるものもチェックしておきましょう。

> I left my car with the engine running. エンジン＝かかっている の関係
>   目的語   補語
>
> 私はエンジンをかけっぱなしにして車を出ました。

エンジンは「それ自体がかかっている状態」のものです。たまに深読みしてエンジンはカギを使ってかけるのだから「他者によって〜される」と思うかもしれませんが、それは考えすぎです。「エンジン自体が動いている」ので、現在分詞の Ving を使います。

それ以外のパターンも「脳の指令」か「それ自体が動く」かで解決します。

> ■ with my eyes closed 　「目を閉じながら」　　※脳の指令
> ■ with my arms folded 　「腕を組みながら」　　※脳の指令
> ■ with my eyes shining 　「目を輝かせながら」　※自然発生

「目を輝かせながら」の表現は、現在分詞を使うのか過去分詞を使うのか、少し迷うかもしれません。何か素敵な映画を見たときのことを考えてみましょう。そのとき、人の目は自然とキラキラ輝きます。自然発生の出来事にも Ving を使うと理解しておいてください。

✦ 覚醒POINT ✦

能動は現在分詞、受動は過去分詞！

| 問　題 |

(1)　次の空所にあてはまる語を a）〜 d）から 1 つ選び、記号で答えなさい。

There were many people（　　）in line in front of the restaurant.

a）waited　　b）waiting　　c）of waiting　　d）to have waited

（長崎県県立大）

(2)　次の空所にあてはまる語を a）〜 d）から 1 つ選び、記号で答えなさい。

What is the language（　　）in Brazil?

a）speak　　b）spoke　　c）speaking　　d）spoken

（大阪経済大）

(3)　次の空所にあてはまる語を a）〜 d）から 1 つ選び、記号で答えなさい。

I had my watch（　　）at the shop over there.

a）repair　　b）repaired　　c）repairing　　d）to repair

（関西学院大）

(4)　次の空所にあてはまる語を a）〜 d）から 1 つ選び、記号で答えなさい。

I like to lie on the bed（　　）and listen to the radio.

a）with my eyes closed　　　　b）with closed my eyes
c）while my eyes closing　　　　d）while my eyes closed

（法政大）

解 答

（1） b)

➡空所の直前に many people「多くの人々」があります。2 語以上の語句が続き、（　　）in line in front of the restaurant とあるので、空所には**分詞の後置修飾**がきます。人は「自分の意志で待つ」ので能動の現在分詞 b) waiting が正解です。

和訳：レストランの前に、並んで待っている多くの人がいた。

（2） d)

➡ the language が直前にあって、空所以降には 2 語以上の語句があります。これは名詞を後ろから修飾する分詞の後置修飾です。「ブラジルで話**される**言語」なので過去分詞を使います。

和訳：ブラジルで話されている言語は何ですか。

（3） b)

➡目的語と補語の間には「時計が修理**される**」の関係があります。時計は他者によって「修理される」ので、正解は b) repaired です。

和訳：私は向こうの店で時計を修理してもらった。

（4） a)

➡付帯状況の with です。目は脳からの指令によって「閉じ**られる**」ので、過去分詞を使っている a) with my eyes closed です。

和訳：私は目を閉じながらベッドに横になり、ラジオを聴くことが好きだ。

分詞構文

分詞構文とは、「〜する / している」ならば Ving（現在分詞）、「〜される」なら p.p.（過去分詞）を用いてメインの文（主節）を修飾する文のことです。**分詞構文**は形容詞ではなく、**副詞の役割**をします。まずはそのつくり方から確認していきましょう。

分詞構文のつくり方

分詞構文をつくる前に、まずは［接続詞＋SV］の構造を見ておきましょう。
主節に対して説明を加える従属接続詞の文では［接続詞 sv, SV.］が基本的な形です。この接続詞を含む sv は副詞節をつくります。

(**When** she walked through the park), she saw a beautiful lake.
　　　　 s　 v　　　　　　　　　　　　　 S　 V　　 O

公園を歩いて抜けて行くと、彼女は美しい湖を見た。

〈接続詞を使った文を分詞構文に書き換える手順〉
❶接続詞を削除する
❷主節と共通していれば S を削除する（共通でなければ残す）
❸動詞を Ving の形にする

---

❶接続詞を削除する　❷主節と共通する主語sheを削除する　❸walkedをWalkingにする

~~When she~~ walked through the park, she saw a beautiful lake.
　　　　↗Walking

歩くのは彼女自身なので、能動的な関係で使う現在分詞の **Walking** を用います。分詞構文の完成です。

(**Walking** through the park), she saw a beautiful lake.
　　　　　　　　　 M　　　　　　　 S　 V　　 O

公園を歩いて抜けて行くと、彼女は美しい湖を見た。

When she walked through the park の文は、接続詞の後に SV の構造が含まれるので、副詞節です。一方、Walking through the park の文は S が削除されているので、副詞節ではなく**副詞句**になります。

分詞構文の Ving と p.p. の識別

分詞構文でも、現在分詞と過去分詞の使い分けの方法は名詞を修飾するときとまったく同じです。

> ●能動なら Ving 「〜する / している」
> ●受動なら p.p. 「〜される」

過去分詞を用いた分詞構文の例を見てみましょう。

> (Because it is written in easy English), this book is suitable for beginners.
> 簡単な英語で書かれているので、この本は初心者に向いている。

↓

> (**Written** in easy English), this book is suitable for beginners.
> 簡単な英語で書かれているので、この本は初心者に向いている。

本は「人によって書かれる」ので、分詞構文で使う形も過去分詞になります。
分詞構文をつくるときのルールにのっとると、接続詞の because を削除し、次に共通する主語の it（this book のこと）を削除し、最後に Ving の形にします。本来は Being written となりますが、この形は少しいびつなため、「〜される」の関係のときは過去分詞ではじめても OK です。

分詞構文の否定文のつくり方

分詞構文の否定文のつくり方もチェックしておきましょう。

〈接続詞を使った否定文を分詞構文に書き換える手順〉
❶接続詞を削除する
❷主節と共通していれば S を削除する（共通でなければ残す）
❸動詞を Not Ving にする

接続詞を使った英文

As	she	doesn't have	enough money,	she	can't afford to travel	abroad.
s	v		o	S	V	M

接続詞の as を削除し、次に共通する主語の she を削除します。動詞を Not having にすれば完成です。

❶接続詞を削除する ❷主節と共通する主語 she を削除する ❸ Not having にする

Not having

~~As~~ ~~she~~ doesn't have enough money, she can't afford to travel abroad.
　　s　　v　　　　o　　　　　S　　　　V　　　　M

⬇ これで分詞構文の否定文が完成です。

（Not having enough money）, she can't afford to travel abroad.
十分なお金を持っておらず、彼女は海外旅行に行く余裕がない。

🖊 時制のズレのある分詞構文

PART 3 の時制の単元でも時制のズレという概念が出てきました。分詞構文の発展知識として、時制のズレのある分詞構文のつくり方を見ておきましょう。

〈時制のズレのある文を分詞構文に書き換える手順〉
❶接続詞を削除する
❷主節と共通していれば S を削除する（共通でなければ残す）
❸時制のズレがあれば Having p.p. にする

接続詞を使った英文

After he had finished his essay, he went to bed.
　　　had + p.p. ⬅　　　　　　過去形

had + p.p. と went の間に時制のズレがあります。宿題を終えたのは寝たときよりも前です。このような場合、❸の［Having + p.p.］にするというルールが適用されます。

❶接続詞を削除する ❷主節と共通する主語 he を削除する ❸ Having finished にする

Having finished

~~After he~~ had finished his essay, he went to bed.

これで完了時制の分詞構文が完成です。

(Having finished his essay), he went to bed.
エッセイを終えたので、彼は寝た。

✦ 覚醒POINT ✦

分詞構文のつくり方
❶接続詞の削除→ ❷ S のチェック→ ❸時制のチェック

問 題

(1) 次の空所にあてはまる語を a）～ d) から 1 つ選び、記号で答えなさい。

Still （　　） tired after waking up, Beth decided to spend the afternoon at home.

a) to feel   b) to be felt   c) feeling   d) being felt

（名城大）

(2) 次の空所にあてはまる語を a）～ d) から 1 つ選び、記号で答えなさい。

（　　） from the top of the tower, our town is very beautiful.

a) Seeing   b) Having seen   c) To see   d) Seen

（名城大）

(3) 次の空欄に入れるものとして最も適切な語（句）を a）～ d) から 1 つ選び、記号で答えなさい。

After he had finished his homework, he went to bed.

≒ （　　）, he went to bed.

a) His homework having finished   b) Finished his homework
c) Having finished his homework   d) His homework finishing

(4) 次の空所にあてはまる語を a）〜 d）から 1 つ選び、記号で答えなさい。

    （　　）what to say, Nancy just remained silent.

    a）Know   b）Not knowing   c）Known   d）Not known

（亜細亜大）

解　答

---

(1)　**c)**

➡接続詞がない文同士をつなぐために、**分詞構文**にする必要があります。主節に Beth という主語があるため、「疲れを感じる」のは Beth 自身だとわかります。正解は **c) feeling** です。この問題では Still が「いまだに」という意味で文頭に置かれていますが、Still を主語だと勘違いすると解けない問題です。ここでの Still は副詞で、副詞は主語になることはできません。やはり、品詞の理解は重要です。

和訳：目覚めた後、まだ疲れを感じていたので、ベスは午後を家で過ごすことにした。

(2)　**d)**

➡分詞構文と主節の文に共通する主語は our town「私たちの町」です。**能動と受動の識別**では「私たちの町が見られる」という関係になることから、受動の p.p.（過去分詞）を選びます。正解は **d) Seen** です。

和訳：塔のてっぺんから見ると、私たちの町はとても美しいです。

(3)　**c)**

➡完了時制の分詞構文です。接続詞の after を削除し、共通する主語の he を削除します。「寝た」ときよりも「宿題を終えた」ことのほうが前のことであることから、時制のズレを表す Having + p.p. を使います。正解は **c) Having finished his homework** です。

和訳：宿題が終わったので、彼は寝た。

(4)　**b)**

➡選択肢に接続詞がないため、分詞構文を使うとわかります。分詞構文の否定文なので **b) Not knowing** が正解です。

和訳：何と言うべきかわからず、ナンシーはただ黙ったままだった。

助動詞

助動詞は発信者の気持ちを表す

助動詞のルール

助動詞は［助動詞＋動詞の原形］の形で使います。助動詞には動詞だけでは表現しきれない**書き手や話し手の気持ちを文に付け加える働きがあります。** 助動詞の後は常に動詞の原形がきます。主語による動詞の変化は一切ありません。

can

助動詞の can は能力や可能を表し「〜することができる」という意味を表します。

> He **can speak** English.　彼は英語を話すことができる。

次は否定文です。

> He **cannot speak** English.　彼は英語を話すことができない。

否定文をつくるとき、注意点があります。can と not は原則としてつなげて cannot とします。なお、短縮形は can't を使います。

次に疑問文です。疑問文をつくるときは助動詞の Can を文頭に置きます。これは can 以外の助動詞でも同じです。

> **Can** you **speak** English?　あなたは英語を話せますか。

can には「〜できる」のほかに「〜する可能性がある」と訳すのがふさわしい場合もあります。

> Some medicine **can cause** health problems.
> 一部の薬は健康の問題を引き起こす可能性がある。

少し長めの英文で確認してみましょう。

Jet lag can occur when people travel rapidly from east to west, or west to east on a jet plane.

※ jet lag：時差ぼけ

（青山学院大）

下線部を「時差ぼけは起こることができる」と訳すのは誤りです。この場合「～する可能性がある」と理解します。訳は「人が東から西へ、西から東へ飛行機で急に移動するとき、時差ぼけが起こる可能性がある」となります。

なお、この意味での can を否定文で使うと「そんなことが起こる可能性はない」→「それはあり得ない」→「そんなはずがない」となります。

It **can't be** true.　それが本当であるはずがない。

 may

助動詞 may は、可能性の can に比べて語気を弱めることができるものです。may には推量の「～かもしれない」と許可の「～してもいい」の 2 つの意味があります。may を使うと「あいまいさ」が出るので、断言できないときや自信がないときに使われます。

It **may be** dangerous.
それは危険かもしれない。（推量）

You **may leave** early today.
今日は早く帰ってもかまいません。（許可）

やや発展的な英文で確認してみましょう。

Guests arriving early **may leave** their luggage at reception.

（桃山学院大）

「早く到着するお客様は受付で手荷物を預けてもかまいません」という意味です。may は丁寧なニュアンスが出るので、お客に対しての英語でも使われます。

🖊 must / should

助動詞 must は義務を表し、「〜しなくてはならない」の意味を表します。must の後はもちろん動詞の原形です。

> You **must study** English hard in order to realize your dream.
> あなたは夢をかなえるために英語を一生懸命勉強しなくてはならない。

must は「〜しなくてはならない」という相手に対しての強いメッセージを表し、話者の価値観を伝えています。may は自信がないときに使うのに対して、**must は確信度合いが強い**ときに使います。

> You **must be** hungry.
> あなたはお腹がすいているに違いない。

be 動詞が状態を表し、must とともに使われると「〜（の状態）であるに違いない」の意味になります。

否定文 must not で使われるとき、「〜してはいけない」という強い禁止を表します。

> You **must not** play tennis here.
> あなたはここでテニスをしてはいけません。

これは Don't play tennis here. と命令文で表すこともできます。must not はまさに相手に命令しているくらいの強いニュアンスで使われます。

助動詞 should は「〜すべき」という意味を表しますが、その他にも提案や何かをすすめるニュアンスの「〜したほうがよい」という意味も表します。

> You **should try** it.
> それをやってみたほうがいいよ。

また、推量の「〜するはずだ」の意味もおさえておいてください。

> I guess it **should be** fine.
> それで良いはずだと思います。

should が be 動詞を伴うとき、「〜するはずだ」と推量の意味になるケースがあります。これは重要な知識なので、しっかり覚えておいてください。

| 問　題 |

(1)　次の英文の空所にあてはまる適切な語を 1 つ選びなさい。

A：Do you know that Jack is in hospital now?

B：[　　] I met him at the bus stop this morning.

(a) Did he?　　　　　　　　(b) No wonder.

(c) It's a piece of cake.　　　(d) It can't be true.

（東京造形大）

(2)　次の英文を正しく並べ替え、全文を書きなさい。

私たちは代替エネルギー資源を開発していくべきだ。

We [energy / source / develop / alternative / of / should].

（愛知工業大）

(3)　次の英文の空欄に入る適切なものを 1 つ選びなさい。

A：My brother fell off his bicycle and broke his shoulder.

B：Oh no! He (　　) be in a lot of pain.

a) can　　b) must　　c) need　　d) shall

（学習院大）

(4)　次の英文の空欄に入る適切なものを 1 つ選びなさい。

If it's alright with you, (　　) I call you tonight?

a) may　　b) must　　c) shan't　　d) would

（武蔵大）

(1)　d)

→ Aが「ジャックが入院中だと知っていますか」と尋ねており、Bの発言の「今朝バス停で彼に会いました」はそれと矛盾します。正解は d) It can't be true. です。

和訳：A：ジャックは入院中だと知っていますか。
　　　B：そんなはずはありません。私は今朝バス停で彼に会いました。

(2)　We [should develop alternative source of energy].

→主語の後は［助動詞＋動詞の原形］にすればOKです。最初に should develop の形をつくります。代替エネルギー資源は alternative source of energy と言います。We [should develop alternative source of energy]. が正解です。

(3)　b)

Aの発言から、**Bは根拠が明確**にあって「痛いだろうな」と言っていることがわかります。正解は「〜に違いない」という意味になる b) must です。a）の can だと「痛い可能性もあるし、そうではないかもしれない」とあいまいなニュアンスになります。c）の need「必要だ」は内容的に合わず、d）の shall は「（未来において）〜になる」と予言めいた言い方になってしまいます。

和訳：A：私の兄は自転車から落ちて、肩を骨折しました。
　　　B：おお、なんと！　お兄さんはかなり痛いにちがいありません。

(4)　a)

If 節で「もしよければ」と相手の顔色をうかがっているので、主節の部分は相手に許可を求める内容になるのが自然です。後半の may I call you tonight? は「今夜あなたに電話をしてもいいでしょうか」という意味になります。

和訳：もしあなたがよければ、今夜あなたに電話をしてもいいでしょうか。

仮定法過去

仮定法と助動詞の過去形

仮定法は、現実ではなく想像や願望を表すときに用いられるものです。「もし～なら」という文脈になることが多いのですが、**if が仮定法の目印だと思わないでください。**If は省略されることも多いからです。**仮定法の目印は「if ではなく助動詞の過去形」**です。

仮定法にもいくつかの種類がありますが、まずは基本から見ていきます。

仮定法と普通の条件の文

仮定法を理解するために、まずは仮定法ではない「普通の条件の文」とどこが違うのかを理解しておきましょう。下の文は仮定法ではなく、普通の条件の文です。

> If it rains tomorrow, I will stay home.
> もし明日雨が降れば、私は家にいるつもりです。

この普通の条件の文では、仮定法ではなく直説法が用いられています。この文の内容は和訳からもわかるとおり、実際にありえることを話題にしています。さらに、p.076 でも解説しましたが、「**時や条件を表す副詞節の中では未来のことでも現在形で表す**」というルールがあります。明日雨が降るというのは未来のことですが、If it will rain とせずに、If it rains と現在形が用いられています。これが仮定法ではない普通の条件の文の特徴です。

仮定法過去の文

では仮定法の文を見ていきます。下の文は仮定法過去の文です。

> If I had enough money, I could buy a mansion.
> 　　　　過去形　　　　　　　　助動詞の過去形 ＋ 動詞の原形
>
> ※ mansion は英語では「大豪邸」の意味
>
> もし私が十分お金を持っていれば、大豪邸を買えるだろう。

> [If + S + 過去形 ～ , S + 助動詞の過去形＋動詞の原形 ... .]
> 「もし～ならば…だろう」

仮定法過去では［**助動詞の過去形＋動詞の原形**］が**目印**になります。助動詞の過去形を使うことで、現実とのギャップを表します。助動詞の過去形の could を使うことで、「これは現実ではなく想像の話ですよ」というメッセージを伝えているのです。小さな家を買える財力があるのであれば直説法を用いればよいのですが、大豪邸は買うことができないなら、想像の話だとわかるように、仮定法を用いて表現するというわけです。

では、助動詞はどのように使い分けをすればよいのでしょうか。例文では can の過去形の could が使われていますが、will の過去形の would、may の過去形の might も使えます。使い分けについては、以下の訳を目安にしてください。

● would + 動詞の原形　　「～するだろう」
● could + 動詞の原形　　「～できるだろう」
● might + 動詞の原形　　「～かもしれない」

would は「～するだろう」となり、could は「～できるだろう」と訳し方が違うのですが、それは would が will の過去形、could が can の過去形だからです。would は話者の意志を表す will に由来するので、「（意志を持って）～するだろう」となり、could は can の過去形なので、「できるニュアンス」があるときに使われます。ちなみに、might は may「～かもしれない」の過去形です。以下の例を見てください。

> If I knew his e-mail address, I might contact him.
> 　過去形　　　　　　　　　　助動詞の過去形 ＋ 動詞の原形
> もし私が彼のメールアドレスを知っていれば、彼に連絡をとるかもしれない。

might を使った問題は would や could に比べると出番が少ないですが、may の過去形ということもあり、控えめに「～かもしれない」というニュアンスを出したいときに使われます。なお、**仮定法過去は現在の事実に反する想像**なので、訳すときは「～かもしれない」と現在形で訳す点に気をつけてください。

If ではなく、助動詞の過去形が仮定法の目印

問 題

(1)　次の英文の空所にあてはまる語を1つ選びなさい。

If I (　　) any money, I would lend her some.

a) had 　　 b) has 　　 c) have 　　 d) having

（文教大）

(2)　次の英文の空所にあてはまる語を1つ選びなさい。

If I had more time and money, I (　　) abroad.

a) would have been 　　　　 b) would go

c) would go to 　　　　　　 d) will go

（帝京大）

解 答

(1)　a)

→主節に助動詞の過去形の would ＋動詞の原形があるので、**仮定法過去**だとわかります。仮定法過去の公式は[If S ＋過去形〜, S ＋助動詞の過去形＋動詞の原形 ... .]となるので、正解は過去形の **had** です。

和訳：もし私がお金を持っていれば、彼女にいくらか貸すだろう。

(2)　b)

→問題文が If S ＋過去形, S 〜 . の形なので、仮定法の基本パターンの問題だとわかります。後半の主節は **S ＋助動詞の過去形＋動詞の原形**となり、正解は **would go** です。abroad は副詞なので c) would go to の「to」は不要です。

和訳：もし私がさらに時間やお金を持っていれば、海外に行くだろう。

仮定法過去完了

過去に対する願望を表す

仮定法過去完了が表すもの

仮定法過去の次は、仮定法過去完了を見ていきます。

仮定法過去完了は「もし〜だったら、…だっただろう」と過去に対する願望を表し、
［助動詞の過去形＋ have ＋ p.p.］の形で表します。例文を見てください。

If I had had enough money, I would have studied abroad.
   had + p.p.   助動詞の過去形 ＋ have + p.p.

もし私が十分なお金を持っていたら、私は海外留学していただろう。

〈If ＋ S ＋ **had ＋ p.p.** 〜 , S ＋**助動詞の過去形＋ have ＋ p.p.** ... .〉
「もし〜だったら…しただろうに」

含みとして実現できなかったというニュアンスもあるので、過去に対する反省を表す
こともできます。過去に対して「もし十分なお金を持っていたら」と思いをめぐらし、「海
外留学していただろう」という思いを伝えています。

上の例文では、had had のように had が続けて2回出てきています。これに違和
感を抱いて「英文として間違いなのではないか」と思う人がいるのですが、これは
間違いではありません。正しい英語ですから慣れるようにしてください。

仮定法過去完了と仮定法過去の違い

現在の事実に反する想像は仮定法過去を使いますが、過去の事実に反する願望に
は仮定法過去完了を使うことを覚えておきましょう。

仮定法過去完了   仮定法過去
  過去の事実に反する想像 | **現在**の事実に反する願望

これは意外に混乱する人が多いので、しっかり覚えておいてください。現在の事実
に反する想像なら［If ＋ S ＋過去形〜 , S ＋助動詞の過去形＋動詞の原形］、過
去の事実に反する願望なら［If ＋ S ＋ had ＋ p.p. 〜 , S ＋助動詞の過去形＋
have ＋ p.p.］です。

助動詞の使い分けも見ていきましょう。

> If she had practiced harder, she could have won the contest.
> had＋p.p.　　　　　　　　助動詞の過去形　＋　have＋p.p.
> もし彼女がもっと一生懸命練習していたら、大会で優勝できただろうに。

> If I had taken a camera with me, I would have taken a picture of
> had＋p.p.　　　　　　　　助動詞の過去形　＋　have＋p.p.
> Grand Canyon.
> もし私がカメラを持っていたら、グランド・キャニオンの写真を撮っただろうに。

［If＋S＋had＋p.p. 〜 , S＋助動詞の過去形＋have＋p.p.］のカタチになっているので、どちらも仮定法過去完了の英文です。1つ目の例文では「できただろう」の意味から could を使うのに対して、下の例文では「しただろう」という過去の事実に反する願望なので would を用いています。

次に［might have p.p.］「〜したかもしれない」のパターンを見てみましょう。

> If she had practiced harder, she might have won the contest.
> had＋p.p.　　　　　　　　助動詞の過去形　＋　have＋p.p.
> もし彼女がもっと一生懸命練習していたら、大会で優勝したかもしれない。

「〜しただろう」なら［would have p.p.］、「〜できただろう」なら［could have p.p.］、「〜したかもしれない」なら［might have p.p.］のように使い分けます。ニュアンスに応じて使い分けるのだと理解すれば OK です。

助動詞の種類	訳し方・ニュアンス
would have p.p.	「〜しただろう」（ふつうのニュアンス）
could have p.p.	「〜できただろう」（できるニュアンス）
might have p.p.	「〜したかもしれない」（控えめなニュアンス）

✦ 覚醒POINT ✦
仮定法過去と仮定法過去完了は混同しやすいので
しっかり区別する！

問　題

(1)　次の英文の空所にあてはまる語を 1 つ選びなさい。

If I (　　) some money, I could have bought the book.

a) had had　　b) have　　c) has　　d) would have

（西南学院大）

(2)　次の日本文の意味になるように、英文の空所にあてはまる語を 1 つ選び
なさい。

あなたのメールアドレスを知っていたら、すぐに事故についてお知ら
せしたのに。

If I had known your e-mail address, I (　　) have told you about
the accident soon.

a) can　　b) had　　c) will　　d) would

（日本大）

解　答

(1)　a)

→主節に仮定法の目印になる［**助動詞の過去形＋ have ＋ p.p.**］が使われています。
could have bought なので、過去の事実に反する願望を表す**仮定法過去完了**です。なお、
if 節の中身は［If S ＋ had ＋ p.p., S ＋助動詞の過去形＋ have ＋ p.p.］の公式にあては
めます。正解は a) の had had です。

和訳：もし私がいくらかお金を持っていたら、本を買えただろうに。

(2)　d)

→if 節の中身は If I had known 〜と仮定法過去完了の公式のパターンです。「知ってい
たら」や「お知らせしたのに」が過去の事実に反する願望を表しています。後半の主節
には［**助動詞の過去形＋ have ＋ p.p.**］が入ります。正解は would have told になる d)
の would です。

仮定法未来

仮定法未来は時系列を整理する

仮定法過去（現在の事実に反する想像）、仮定法過去完了（過去の事実に反する願望）を解説してきましたが、ここでは仮定法未来（実現の可能性が低い未来の想像）を見ていきます。

これまでの仮定法と同様に、現実に起こることではなく、話者が実現する可能性が低いと考える未来の想像について述べるとき、仮定法未来を使います。

助動詞の過去形＋ have + p.p.	助動詞の過去形＋ 動詞の原形	were to ＋動詞の原形 should ＋動詞の原形
仮定法過去完了	**仮定法過去**	**仮定法未来**

過去の想像	**現在の想像**	**未来の想像**

仮定法未来には 2 つの形式があります。

① ［were to ＋動詞の原形］

［(Even) if ＋ S ＋ were to ＋動詞の原形〜 , S ＋助動詞の過去形＋動詞の原形 ... .］の形で、実現性の極めて低い、ありえない未来を想定した内容を表します。

> Even if the sun **were to rise** in the west, I **would not ride** a roller coaster.
> もし万一太陽が西から**昇る**ことがあったとしても、私はジェットコースターには**乗らないだろう**。

［(Even) if ＋ S ＋ were to ＋動詞の原形 〜 , S ＋助動詞の過去形＋動詞の原形 ... .］
「もし万一〜でも…だろう」

公式としては仮定法過去で用いた［If ＋ S ＋過去形 〜 , S ＋助動詞の過去形＋動詞の原形 ... .］と同じですが、if 節で未来志向を表す［to ＋動詞の原形］が使われています。

主節は［助動詞の過去形＋動詞の原形］なので、公式自体は仮定法過去と同じです。つまり、主節で述べられているのは「現在の事実に反する想像」です。

しかし if 節の中身は**［were to ＋動詞の原形］があるので未来志向の文となり、条件としては未来のことを表しているとわかります**。

もう 1 つ例文を見てみましょう。

話し手が未来の想像として実現性が低いと思っていれば、完全にゼロではなくても仮定法が使われることがあります。

> If you **were to win** a lottery, what **would you do**?
> もし宝くじが当たったとしたら、あなたならどうするでしょうか。

宝くじが当たる確率はかなり低いですがゼロではありません。このような場合に仮定法未来を使うことによって、話者から「まずありないと思いますが…」と前置きがつけられていると考えることができます。

② should と主節の命令文

次に should を使った仮定法未来を見ていきます。［If + S + should ＋動詞の原形 〜 , 命令文 .］で表し、話者が可能性が低いであろうと捉えていることに使います。主節には**命令文**がくることが多く、「万一〜ならば…してください」という意味になります。

> If you **should have** any questions, **please do not hesitate** to contact us.
> もし万一質問がございましたら、私たちに遠慮なく連絡をしてください。

［If + S + should ＋動詞の原形 〜 , 命令文 .］
「もし〜なら…してください」

大学入試や TOEIC などの資格試験でも、主節に命令文がくる英文が非常によく出題されますので、しっかり覚えておいてください。

✦ 覚醒POINT ✦

［If S were to ＋ 動詞の原形］と
［If S should ＋ 動詞の原形, 命令文］は仮定法未来の目印

(1)　次の英文の空所にあてはまる語を 1 つ選びなさい。

Even if the sun（　　　）rise in the west, she would not accept your offer.

a) will　　b) can　　c) were to　　d) is to

（名古屋学芸大）

(2)　次の英文の空所にあてはまる語を 1 つ選びなさい。

Your decision seems quite firm. If you（　　　）your mind, let me know.

a) changed　　　　　　b) had changed
c) should change　　　　d) were to change

（藤田保健衛生大）

解　答

(1)　c)

　➡主節の助動詞の過去形 would から仮定法の文と見抜きます。主節は［S ＋助動詞の過去形＋動詞の原形］の形で、「太陽が万一西から昇ったとしても」というあり得ない未来の仮定法になるとわかります。if 節は［**Even if ＋ S ＋過去形**］になるので、正解は仮定法未来の c) の were to です。［**were to ＋動詞の原形**］はまずありえない未来の**想像**に使うのだと押さえておきましょう。

　和訳：万一太陽が西から昇ったとしても、彼女はあなたの申し出を受け入れないだろう。

(2)　c)

　➡後ろに**命令文をとるパターンの仮定法未来**です。後ろに let me know「知らせてください」という**命令文**がきています。そこから、仮定法未来の should を使うパターンとわかるので、If you should change your mind, ～ . となります。正解は c) の should change です。

　和訳：あなたの決断はかなり堅いように思われます。もし万一考えが変わったら、私に知らせてください。

仮定法の倒置

倒置も助動詞の過去形が目印

 倒置とは

仮定法の倒置は、入試における仮定法の出題分野として最重要です。

仮定法の倒置は接続詞の if を削除して主語と動詞を入れ替えますが、疑問文のような語順になるため、**読者を注目させる文体上の効果**があります。これまでに見てきた仮定法過去、仮定法過去完了、仮定法未来の倒置のしかたを見ていきましょう。

仮定法過去の倒置

仮定法過去の倒置は、if を削除し、主語と動詞の位置を入れ替えます。

> If **I were** in your place, I would accept the offer.
>
> 手順① if を削除する→② I と were を倒置させる
>
> **Were I** in your place, I would accept the offer.
>
> もし私があなたの立場なら、その申し出を受け入れるだろう。

if が仮定法の目印だと思っていると、このように倒置が起こっている場合、仮定法の文だと見抜くことができなくなります。助動詞の過去形 would に注目すれば、これも仮定法の文だとすぐにわかります。

仮定法過去完了の倒置

仮定法過去完了の倒置は、if を削除し、主語と had の位置を入れ替えます。

> If I **had known** you were in this town, I would have come to see you.
>
> 手順① If を削除する→② I と had を倒置させる
>
> **Had I known** you were in this town, I would have come to see you.
>
> もしあなたがこの町にいると知っていたら、私はあなたに会いに来ただろう。

仮定法未来の倒置

仮定法未来の倒置は、if を削除し、主語と should の位置を入れ替えます。

If you should change your mind, please let me know.

手順① If を削除する→② you と should を倒置させる

Should you change your mind, please let me know.

もし万が一考えが変わりましたら、私にお知らせください。

---

should を使った倒置の文の場合、9 割方後ろには命令文がきます。よく出題される文法の 4 択問題の選択肢に if がない場合、仮定法の倒置が狙われているのではないかと考えるようにしてみてください。

✦ 覚醒POINT ✦

倒置のパターンも助動詞の過去形で見抜く！

問 題

(1) 次の英文の空所にあてはまる語を 1 つ選びなさい。

( ) any concerns, do not hesitate to let us know.

a) If should you have
b) If you should but have
c) Should you have
d) You should have

（日本女子大）

(2) 次の英文の空所にあてはまる語を 1 つ選びなさい。

( ) the dress code at dinner, I would have dressed more properly.

a) I had not known
b) Had I known
c) Having been known
d) Not known

（法政大）

(3) 次の空所にあてはまる語を a）〜 d）から 1 つ選び、記号で答えなさい。

（　　　）in his position, I would decline the offer.

　a）If I had　　　b）Were I had been　　　c）If I have　　　d）Were I

（國學院大）

| 解　答 |

(1)　c）

　➡後半が**命令文**なので、**should を使った仮定法未来**だと予想します。この時点では if 節と倒置の両方が想定できますが、選択肢を見ると a）は if がついたままで、倒置が起こるいびつな形であり、b）も［should ＋動詞の原形］が but を挟むので、うまく成立しません。if を削除して you と should をひっくり返すという倒置の手順にのっとると、正解は c）の **Should you have** とわかります。

　和訳：もし何か懸念がございましたら、遠慮なく私達にお知らせください。

(2)　b）

　➡主節に would have dressed とあるので、**仮定法過去完了**とわかります。選択肢には if がないので倒置だと予測し、b）の **Had I known** が正解とわかります。

　和訳：夕食時のドレスコードを知っていたら、もっと適切な格好をしただろうに。

(3)　d）

　➡主節の would decline は［助動詞の過去形＋動詞の原形］なので、仮定法過去とわかります。If I were の倒置、**Were I** が正解です。

If I were in his position, I would decline the offer.
　⬇　If を削除して SV を倒置させる
Were I in his position, I would decline the offer.
　V　S

　なお、a）の had、c）の have は目的語が必要な動詞ですから、後ろにある前置詞の in his position と矛盾します。また b）に関しては時制が仮定過去完了の形なので、今回は使えません。

　和訳：もし私が彼の立場なら、申し出を断るだろう。

潜在仮定法

if がないことや条件節の代用が特徴

潜在仮定法とは

潜在仮定法とは、簡単に言えば if 節のない仮定法のことです。倒置が起きている仮定法の文も if がないので、仮定法の倒置と同じではないかと思う人もいると思います。ここで扱う潜在仮定法は倒置のように順番を入れ替えて条件をつくるのではありません。if 節がなくても、潜在的に条件が含まれている英文であることから、潜在仮定法と呼ばれます。

潜在仮定法の特徴

潜在仮定法の文でも助動詞の過去形が用いられます。助動詞の過去形を見て「仮定法かも」とアンテナが立てば、次に考えるのは「条件」の要素です。ほかの仮定法と異なるのは、「条件節の代用」がある点です。

条件節の代用とは、簡単に言えば if 節をいちいち言わずに、コンパクトに伝える方法です。助動詞の過去形を発見した段階で、「これは仮定法かも」と考える習慣をつけると、この条件節の代用に気づきやすくなります。助動詞の過去形だけでも「もしできれば〜」というニュアンスが入っているので、その上で代用表現を探す習慣をつけていきましょう。

例えば、名詞や副詞のカタマリの中には「隠された条件」があり、その部分を「もし〜ならば」と理解すると英文の意味がスッキリわかるのです。それでは具体的にどういったものが条件の代用になるのかを見ていきましょう。

---

① **主語が条件節の代用**
② **副詞句が条件節の代用**
(1) with ＋ 名詞 「 名詞 があれば」 / without ＋ 名詞 「 名詞 がなければ」
(2) ［to ＋動詞の原形］の副詞的用法

まず基本レベルでは、①と②を完全にマスターしておきましょう。

主語の中に条件節の代用があるパターン

潜在仮定法では if 節の代用がどこにあるのか確認することが重要です。次の例文を見てください。

> A wise person **would not say** such a thing.
> 賢い人ならばそんなことは言わないだろう。

潜在仮定法の基本パターンは、主語の中に仮定の要素があるというものです。この英文は助動詞の過去形の would があるので、仮定法とわかります。

その次に重要なのが条件節の代用を見つけることです。これは「賢い人ならば」と、主語の中に仮定の要素が入っています。主語が条件節の代わりに使われているのです。

 ## 副詞句の中に条件節の代用があるパターン

(1) ［with + 名詞］「名詞があれば」と ［without + 名詞］「名詞がなければ」［前置詞＋名詞（with +名詞)］のつくる**副詞のカタマリが条件節の代用**として使われます。助動詞の could があり、「〜できるだろう」という意味の仮定法です。

> With a little more effort, they **could succeed**.
> もう少し努力すれば、彼らは成功することができるだろう。

もし助動詞の過去形から仮定法と予測し、その英文に ［前置詞＋名詞］の副詞句があるなら、それは条件節の代用ではないかと疑う必要があります。

If を用いて書くと、次のようになります。

> If they **made** a little more effort, they **could succeed**.
> もし彼らがもう少し努力すれば、彼らは成功することができるだろう。

この ［with +名詞］の反対バージョンとして「もし〜がなければ」のパターンもあります。［without +名詞］は、「もし〜がなければ」という仮定法の否定文の代用として使われます。

> Without your support, I **would not have passed** the exam.
> もしあなたのサポートがなかったら、私は試験に合格しなかっただろう。

主節の would not have passed は「合格しなかっただろう」という仮定法過去完了です。without your support で「もしあなたのサポートがなかったら」の意味になり、条件の代用として使われています。

If を用いて書くと、次のようになります。

> If it had not been for your support, I **would not have passed** the exam.
> If + S + had + not + p.p.　　　　S + 助動詞の過去形 + not + have + p.p.

このように、条件節の代用では副詞句の中に仮定の要素があることがあるので注意が必要です。

(2) 不定詞の副詞的用法に仮定の要素があるパターン

入試問題などで出題されるものに、条件節の代用として、[to ＋動詞の原形] が使われるパターンがあります。[to ＋動詞の原形] の副詞的用法で「(これから)〜するならば」という役割をしています。

> To hear him speak English, you **would think** he was American.
> 彼が英語を話すのを聞いたら、あなたは彼がアメリカ人だと思うだろう。

副詞句の中に仮定の要素があるパターンです。助動詞の過去形の would があるので、仮定法とわかります。仮定法の文で、不定詞の [to ＋動詞の原形] を副詞句として使うと、主節に対する条件節の代用になります。To hear him speak English は「もし彼が英語を話すのを聞いたら」という意味になります。

また、him と speak の間には主語と述語の関係があるので、「彼が英語を話す」と訳すと自然です。このように、if 節の条件節の代用を見つける力こそが、潜在仮定法攻略のカギになります。

✦ 覚醒POINT ✦

「〜ならば」と訳せるときは、条件節の代用を疑う！

問題

(1) 次の英文の空所にあてはまる語を1つ選びなさい。

To hear her speak Japanese, you（　　）she had been born here.

a) can think　　b) think　　c) will think　　d) would think

（高崎経済大）

(2) 日本文の意味を表すように、英文の空所にあてはまる語を［　　］から選んで書きなさい。

もう少し時間があれば、その映画を見終えることができただろう。

（　　）a little more time, I（　　）（　　）（　　）watching the movie.

［with / finished / could / have］

（鶴見大）

解答

(1) **d)**

➡ To hear her speak Japanese が条件の代用になっているパターンです。仮定法過去の英文なので、正解は would think です。her と speak の間には主語と述語の関係があるので、「彼女が日本語を話すのを聞いたら」とすれば OK です。

和訳：もし彼女が日本語を話すのを聞いたら、あなたは彼女がここで生まれたと思うだろう。

(2) **With / could / have / finished**

➡ ［with＋名詞］「もし〜があれば」を使った**潜在仮定法**の文です。「〜することができただろう」から**仮定法過去完了**を使います。主節は I could have finished watching the movie. です。語群の中に if がないので、条件節の代用となる［with＋名詞］を用います。with a little more time で「もう少し時間があれば」の意味です。

123

疑問詞を使った疑問文

✏ 疑問詞とは

疑問詞とは when, where, what, why, who, how で、いわゆる5W1Hのことです。
疑問文では疑問詞は文頭に置かれ、疑問詞の後は疑問文の語順になります。
疑問詞のうち、文中で副詞の役割をするものを疑問副詞、文中で代名詞の役割を
するものを疑問代名詞といいます。

✏ 疑問副詞

まずは疑問副詞の when, where, why, how から見ていきましょう。

> **When** do you leave?　あなたはいつ出発するのですか。
>   S   V

when が leave「出発する」という動詞を修飾する副詞の役割をしています。

> **Where** do you work?　あなたはどこで働いているのですか。
>   S   V

where が work「働く」という動詞を修飾する副詞の役割をしています。

> **Why** is it important ⟨to read books⟩?
>   V S   C   M
> なぜ本を読むことが大切なのですか。
>
> **Because** you can widen your horizon.　視野を広げられるからです。
>   S   V   O

why が［be動詞＋形容詞］の is important「重要である」という述語を修飾す
る副詞の役割をしています。why に対しては Because SV. の形で答えることがで
きます。

> **How** can we learn about other cultures?
> S   V   O
> どのようにして他文化を学べるのですか。
>
> **By talking** to people from other countries.
> 他の国の人々に話しかけることによってです。

how が learn「学ぶ」という動詞を修飾する副詞の役割をしています。答えとして、by Ving「～することによって」がよく使われます。これは、疑問文で尋ねられた We can learn about other cultures. が省略されています。

> {We can learn about other cultures} **by talking** to people from other countries.

✏️ 疑問代名詞

次に、疑問代名詞の what と who を見ていきましょう。

> **What** do you do (in your free time)?　空いている時は何をしますか。
> S V   M

do「～をする」は他動詞なので、後ろに目的語をとります。ここでは疑問詞なので、what が文頭に移動しているのです。

> Do you do ＿＿＿ (in your free time) ?
> S V   M
>
> What do you do in your free time?

who も疑問代名詞です。下の英文では who が補語になっています。

> **Who** is the man [behind you]?　あなたの後ろにいる男性は誰ですか。
> V   S   M

(1)　次の空所にあてはまるものを a）～ e）から 1 つ選び、記号で答えなさい。

A：What exactly do you do for a living?

B：(　　)

a）I live in luxury.　　b）I'm a teacher.　　c）I have an occupation.

d）I enjoy my life.　　e）I'm living in a small apartment.

（防衛大学校）

(2)　次の空所にあてはまる語を a）～ d）から 1 つ選び、記号で答えなさい。

A：Where's he going?

B：(　　), I think. I can hear his footsteps.

a）Upstairs　　b）Crazy　　c）Wrong　　d）Where

（フェリス女学院大）

(3)　次の空所にあてはまるものを a）～ e）から 1 つ選び、記号で答えなさい。

A：I've never met her. (　　)

B：She's fantastic and brilliant.

a）How does she look like?　　b）What does she look?

c）What's she like?　　d）Who does she like?

e）How's she likes?

（防衛大学校）

PART 6
疑問詞、関係詞、接続詞

解 答

(1) **b)**

➡ What do you do? は「職業は何ですか」という意味で、この問題では for a living「生計のために」という表現もついています。

和訳：A：正確には、生計を立てるのにしている仕事は何ですか。
　　　a) 私は贅沢に暮らしています。
　　　b) 私は教師です。
　　　c) 私は仕事があります。
　　　d) 私は人生を楽しんでいます。
　　　e) 私は小さなアパートに住んでいます。

(2) **a)**

➡ where を使った疑問文なので、答えは場所に関する内容になります。正解は a) の Upstairs「上の階に」という副詞です。I think he is going upstairs.「彼は上の階に行くと思います」となります。

和訳：A：彼はどこに行くの？
　　　B：上の階に行くと思います。足音が聞こえますから。

(3) **c)**

➡ A と B の会話の内容から、（　　）には彼女がどんな人かを尋ねる疑問文が入ると予測できます。**前置詞の後ろに入るのは名詞**です。これは疑問詞が前に移動しても守るルールなので、もともと副詞である how は使えません。名詞の働きをしているのは what なので、c) の **What's she like?** が正解です。これは What is she like? を短縮したもので、見た目ではなく「人物像」を尋ねる表現です。like は「〜のようだ」という意味で使うときは**前置詞**になります。b) の文を「彼女はどんな見た目ですか」という意味にするには、look の後に like が必要です。d) は「彼女は誰を好きできますか」という意味なので会話が成立しません。e) の How's は How is の短縮形なので 1 文の中に動詞が 2 つあることになり、文としては成立しません。

和訳：A：彼女に会ったことがありません。彼女はどんな人ですか？
　　　B：彼女は素晴らしくて、才能があります。

疑問詞を使った間接疑問文

 間接疑問文とは

間接疑問文とは疑問文を普通の文の中に組み込んだものをいいます。ここでは、特に語順に注意が必要な、疑問詞を使った間接疑問文を見ていきます。大学入試では整序英作文の問題などで疑問詞を使った間接疑問文が出題されることがあるので、しっかりおさえておきましょう。

 疑問詞を使った間接疑問文の語順

疑問詞を使った普通の疑問文 Where does he live?「彼はどこに住んでいますか」を間接疑問文にすると、下のように疑問詞の後は SV の語順になります。

> I know |where he lives|.　　私は彼がどこに住んでいるのかを知っています。
> S　V　　　where he lives

次に、疑問文の中で what が主語の代用になっている例を見てみましょう。

> What brought you (to this class)?
> S　　V　　　O　　　　M
> 何があなたをこの授業に連れてきたのですか。
> ➡なぜあなたはこの授業に参加したのですか。

これは what が主語の役割をしており、疑問文も元から SV の語順になっています。ですからこの場合、間接疑問文になっても疑問詞 what の後は普通の疑問文と同じになります。

> I know |what brought you (to this class)|.
> S　V
> 私はあなたがなぜこの授業に参加したのかを知っています。

これらの間接疑問文の語順に慣れることは大切です。次の英文のパターンを使って練習しておきましょう。

I know | how you feel |. 私はあなたがどう感じるかわかります。

普通の疑問文：How do you feel?

I don't know | when he will be back |. 私は彼がいつ戻るかわからない。

普通の疑問文：When will he be back?

Do you know | who he is |? あなたは彼が誰かわかりますか。

普通の疑問文：Who is he?

Do you know | why they are popular |?

普通の疑問文：Why are they popular?

あなたは彼らがなぜ人気があるかわかりますか。

✦ 覚醒POINT ✦

間接疑問文では疑問詞の後の語順は SV になる！

問 題

(1) 次の空所にあてはまる語を a）〜 d）から1つ選び、記号で答えなさい。

Do you know [　　]?

a）when he will come　　　b）when will he come

c）when does he come　　　d）when is he coming

（東京経済大）

(2) 次の空所にあてはまる語を a）〜 d）から1つ選び、記号で答えなさい。

My textbook was right here. Do you know where [　　]?

a）does it go　　b）has it gone　　c）it goes　　d）it has gone

（岩手医科大）

(3) 次の空所にあてはまる語を a) ～ e) から 1 つ選び、記号で答えなさい。

He won't tell anybody（　　）.
a) why he not came
b) why he didn't came
c) why didn't he come
d) why he didn't come
e) why not he came

（大東文化大）

(1)　a)

➡ この文は間接疑問文です。疑問詞の後は普通の疑問文の語順ではなく SV の語順になります。正解は a) when he will come です。他の選択肢はすべて普通の疑問文の語順になっているので不適切です。

和訳：彼がいつ来るか知っていますか。

(2)　d)

➡ この文は現在完了を用いた間接疑問文です。疑問詞の後の語順は SV の語順になります。現在完了形は [have/has + p.p.] ですから [has + gone] となります。正解は d) it has gone です。c) は「普段からある場所」を尋ねているように聞こえるため、文意に合いません。

和訳：私の教科書はここにあったの。それがどこに行ったか知ってるかな。

(3)　d)

➡ 間接疑問文なので、疑問詞の後は SV の語順になります。正解は d) why he didn't come です。

和訳：彼がなぜ来なかったのか、誰にも言わないでしょう。

疑問詞を使った慣用表現

✏️ 会話問題で出題される慣用表現

疑問詞を使った慣用表現は、入試の会話問題で出題されます。また、実際の英会話で役立つ表現でもあるので、ここでしっかりマスターしておきましょう。

[How + 形容詞 / 副詞] の慣用表現を、答え方を含めて見ていきます。

- How much 〜?　　「いくら」（値段）
- How long 〜?　　「どのくらい」（期間）
- How old 〜?　　「何歳」（年齢）
- How far 〜?　　「どのくらい遠い」（距離）
- How soon 〜?　　「あとどのくらいで」（時間）

これらのリストの中で、答え方に注意が必要なのが How soon 〜?「あとどのくらいで」です。

How soon will the bus arrive?　あとどれくらいでバスは到着しますか。
How + 副詞

「〜後」を表す in や期限の by「〜までに」を使って答えることが多いので、しっかり覚えておいてください。

In ten minutes.　　10分後には到着します。
By noon.　　正午までには到着します。

上に挙げた5つの慣用表現では、[How + 形容詞 / 副詞] の後は疑問文の語順になりますが、注意が必要なのが How come 〜?「なぜ」です。How come の後は普通の疑問文の語順ではなく、SV の語順になることに注意してください。

> $\boxed{\text{How come}}$ you didn't come to the restaurant?
>   s   v
>
> なぜレストランに来なかったのですか。
>
> How {did it} come {about that} you didn't come to the restaurant?

How old ～? などと似ているので同じパターンだと思うかもしれませんが、come は動詞で、これは別系統の表現だと考えてください。

また、Why don't you ～? の表現も、入試の会話問題で出題されます。

> Why don't you come to the party?   パーティになぜ参加しないのか。
>   →パーティーにおいでよ。

「なぜ～しないのか」が直訳ですが、訳すときは「～しようよ」と訳します。相手を誘うときの表現です。

✦ 覚醒POINT ✦

疑問詞を使った慣用表現では、疑問詞の後の語順に注意！

問　題

(1)　次の空所にあてはまる語を a)〜d) から1つ選び、記号で答えなさい。

A：How long will you be away?

B：(　　) Friday.

a) In　　　　b) On　　　　c) To　　　　d) Until

（愛知学院大）

(2)　次の空所にあてはまるものを a)〜d) から1つ選び、記号で答えなさい。

A：How soon can you call me back?

B：(　　)

a) By mobile phone.　　　　b) In about fifteen minutes.

c) About a five-minute walk.

d) Approximately three meters to the right.　　　（武蔵野大）

(3)　次の日本文の意味を正しく表しているものを a)〜d) から1つ選びなさい。

「クリスはあとどのくらいで戻ってきますか」「5時までに戻ってきます」

a) "How early will Chris go back?" "She'll go back by five."

b) "How early will Chris go back?" "She'll go back until five."

c) "How soon will Chris be back?" "She'll be back by five."

d) "How soon will Chris be back?" "She'll be back until five."

（國學院大）

(4)　次の空所にあてはまる語を a)〜d) から1つ選び、記号で答えなさい。

"(　　) is it from here to the station?"

"It's about 3 kilometers."

a) How long　　b) How much　　c) How far　　d) How fast

（跡見学園女子）

(5)　次の空所にあてはまる語を a)〜d) から1つ選び、記号で答えなさい。

(　　) come to the party last night?

a) How come didn't you　　　b) How come you didn't

c) How far didn't you　　　d) How long didn't you

（青山学院大）

(1) **d)**

➡期間を尋ねる How long ～？「どのくらいの間」が使われています。until は**継続**を表す前置詞で、「～までずっと」の意味です。Until Friday で「金曜日までずっと」の意味になります。

和訳：A：あなたはどれくらい留守にするのですか。
　　　B：金曜日までです。

(2) **b)**

➡ How soon ～？は「あとどのくらいで」という意味です。受け答えではよく「～後に」という意味になる前置詞の in が使われます。In about fifteen minutes. で「約15分後に」という意味です。

和訳：A：あとどのくらいで私に折り返し電話できますか？　B：約15分後です。

(3) **c)**

➡「あとどのくらいで」という意味の How soon ～？を使っています。受け答えでは「～後の」意味になる in のほかに**期限の by** も使えます。

和訳：c) クリスはどれくらいで戻ってきますか。彼女は5時までに戻ってきます。

(4) **c)**

➡質問に対する答えが「約3キロです」とあるので、**距離を尋ねる表現**を使います。距離を尋ねる表現は How far ～？で、正解は c) です。

和訳：ここから駅までどのくらいの距離ですか。約3キロです。

(5) **b)**

➡理由を尋ねています。選択肢の中で理由を尋ねることができる表現は How come ～？の a) と b) だけです。How come の後ろの語順をチェックすると、SV になっているのは **b)** です。How come SV？と後ろが SV になることをしっかりおさえておいてください。

和訳：あなたはなぜ昨夜、パーティに来なかったのですか。

感嘆文

感嘆文とは

疑問詞 how と what を使って、主に強い感動を伝えるときに使われるのが感嘆文です。喜びだけではなく、怒りや悲しみなども表します。入試では、会話問題などでよく感嘆文が出てきますので、おさえておきましょう。

How で始まる感嘆文

How で始まる感嘆文では、How の後に形容詞や副詞がきます。
［How + 形容詞 / 副詞 {SV}!］の形になります。

> **How** lovely!　　なんてかわいいんでしょう！
> 　　　形容詞

この英文は How lovely it is! の SV（it is）が省略されたものだと考えられます。一刻も早く感動を伝えたいので、最後の SV は割愛されるのですね。
ちなみに、言い方によっては相手に「イヤミ」ととらえられることもあるので注意が必要です。

What で始まる感嘆文

What で始まる感嘆文では、What の後に名詞がきます。［What（a/an）＋名詞 {SV}!］や［What（a/an）形容詞 ＋名詞 {SV}!］の形になります。名詞が複数形のとき、冠詞 a は不要です。

> **What** a great play!　　なんとすばらしいプレーなんだ！
> 　　　a　形容詞　名詞

これも What a great play it is! の SV（it is）が省略されたものだと考えられます。入試問題でも SV が省略された感嘆文が出題されることが多いので、こちらのパターンに慣れておきましょう。

感嘆文では、How の後は形容詞 / 副詞
What の後は（a/an）＋ 形容詞 ＋ 名詞

| 問 題 |

(1) 次の空所にあてはまるものを a) ～ d) から 1 つ選び、記号で答えなさい。

A : I've made a cheese cake. Try some.

B :（　　）

a) How wonderful! Looks very good.

b) Thanks. Here you are.

c) Sure. Anything else?

d) Of course. Go ahead.

（武蔵大）

(2) 次の空所にあてはまる語を a) ～ d) から 1 つ選び、記号で答えなさい。

Hi, Tim.（　　）an amazing person you are to get the top score!
You should be proud of yourself.

a) How 　　　b) What 　　　c) When 　　　d) Why

（京都産業大）

(1) **a)**

➡ A のチーズケーキをおすそ分けする発言から、B の返答はチーズケーキに対してのリアクションをとる英文が入るとわかります。正解はケーキに興味を示していることを示す **a)** です。b) は相手にあげるときの表現、c) の「他に何かあるか」という発言は、レストランなどで店員が客に他に注文があるかどうか尋ねるときなどの表現です。d) は相手に先に行動することをうながす表現です。

和訳：A：チーズケーキを作ったの。食べてみて。
　　　B：なんてすばらしいのでしょう。とても美味しそうに見えます。
　　　a) なんてすばらしいのだろう。とても美味しそうです。
　　　b) ありがとう。はい、どうぞ。
　　　c) わかりました。他に何かありますか。
　　　d) もちろん。どうぞ。

(2) **b)**

➡ 感嘆文の応用です。空所の後の an amazing person は［an ＋形容詞＋名詞］の語順から、How ではなく What を使うとわかります。
なお、感嘆文では後ろの SV は省略されることが多いのですが、発言を補足したり、発言の根拠を説明する必要があるときは SV は省略されません。to get the top score は不定詞の副詞的用法です。文全体の補足説明をする不定詞の副詞的用法で、「〜するなんて」という判断の根拠になっています。

> **What** an amazing person you are to get the top score!
> an ＋母音で始まる形容詞＋名詞　補足説明

和訳：こんにちは、ティム。最高点を取るなんて、あなたはどれほどすばらしい人なんでしょう！　自分のことを誇りに思うべきですよ。

関係代名詞

関係代名詞は形容詞節の役割をする

関係代名詞は代名詞の格変化と合わせて考える

関係代名詞に苦手意識を持っている人は少なくないようですが、理屈は簡単ですからここでしっかり覚えてしまいましょう。

まず、下の代名詞の格変化と関係代名詞の表を見てください。実は、関係代名詞の使い方を表にしてしまえばこれだけのことです。先行詞が人で主格のときは who、物のときは which を使うなど、覚えるべきことは多くありません。

	単数				複数		
	主格	所有格	目的格		主格	所有格	目的格
私	I	my	me	私たち	we	our	us
あなた	you	your	you	あなたたち	you	your	you
彼 彼女 先行詞が人	he she who	his her whose	him her whom	彼ら それら 先行詞が人 先行詞が物	they who which	their whose whose	them whom which
それ 先行詞が物	it which	its whose	it which				

ただ、この表を機械的に暗記するだけでは関係代名詞を使った入試問題には対応できない場合もあるので、どのような理屈で関係代名詞を用いるのか、ここから詳しく解説していきます。

主格の関係代名詞 who

主格の関係代名詞 who の使い方を解説します。2 文を 1 文にするプロセスを見ていきましょう。

> Tom is a student.　He achieved a full score on the test.
> 　　　　具体的な名詞　　　　共通事項の代名詞
>
> トムは生徒です。彼はテストで満点を取りました。

1文目の名詞 a student と共通事項になる2文目の代名詞 He に着目します。次に、a student を先行詞として、He を関係代名詞の who にします。関係代名詞が修飾する名詞のことを先行詞といいます。関係代名詞の説明に先行する詞だからです。先行詞が人の場合は who, whose, whom のいずれかの関係代名詞が使われますが、この場合、He は主格で関係代名詞は主語の代わりをするので、who を使います。

Tom is a student who achieved a full score on the test.
先行詞　　　　　　s'　　　v'

トムはテストで満点を取った生徒です。

---

who 以下の内容が先行詞 a student を修飾する1文になりました。a student でザックリと「彼は生徒だ」と言っておいて、次に続く内容が「どんな生徒か」の詳しい説明になっています。

関係代名詞は名詞に対して詳しい説明を加えます。名詞を修飾するのは形容詞なので、**関係代名詞のつくるカタマリは形容詞の働きをしています。**

形容詞の役割についてはすでに品詞の単元で詳しく扱いましたが、不定詞や分詞などでも後置修飾の考え方が登場しましたね。関係代名詞も名詞を後ろから修飾をする後置修飾になっています。名詞に対して「どんな?」という詳しい情報を付け足しているのだということを理解しておきましょう。

🖊 主格の関係代名詞 which

次に、主格の関係代名詞の which です。同じように2文を1文にするプロセスを見ていきましょう。

This is a book. It discusses the issue of climate change.
具体的な名詞　　　共通事項の代名詞

これは本です。それは気候変動の問題を論じています。

1文目の名詞 a book と共通事項になる2文目の代名詞 It に着目します。次に a book を先行詞として、It を関係代名詞の which にします。先行詞が物の場合、関係代名詞は which か whose のいずれかを使いますが、ここでは主語の It の代わりなので、主格の関係代名詞の which を使うのです。

> This is a book <u>which</u> <u>discusses</u> the issue of climate change.
>   先行詞   s'   v'
>
> これは気候変動の問題を論じている本です。

このように、関係代名詞は 2 文を 1 文にまとめることができるので、関係代名詞の文は接続詞と代名詞の役割を兼ねていることがわかります。

なお、主格の関係代名詞の which の代わりに that を使うこともできます。特に現代の英語では、ネイティブスピーカーに聞くと、which ではなく that が好まれるケースが増えています。

> This is a book <u>that</u> <u>discusses</u> the issue of climate change.
>   先行詞   s'   v'
>
> これは気候変動の問題を論じている本です。

このように、関係代名詞を理解するときは、まず人称代名詞の理解、次に 2 文を 1 文につなぐ接続詞と代名詞の役割をすること、そして最後に名詞を修飾する形容詞のカタマリであることをおさえておきましょう。

✦ 覚醒POINT ✦

関係代名詞は形容詞のカタマリをつくる！

🖍 所有格の関係代名詞 whose

主格の関係代名詞と同じように、所有格の関係代名詞についても 2 文を 1 文にする方法を見ていきましょう。

> The boy talked to me. His | eyes | were blue.
> 具体的な名詞   共通事項の代名詞
>
> 男の子が私に話しかけてきた。彼の目は青かった。

1 文目の名詞 The boy と共通事項になる 2 文目の所有格の代名詞 His に着目します。The boy を先行詞として、His の部分を所有格の関係代名詞にします。所有格は「〜の」という意味になるので、直後に名詞がないと使えません。つまり、

所有格の関係代名詞の **whose** は名詞とワンセットで使います。

The boy [whose eyes were blue] talked (to me).

目が青い少年が私に話しかけてきた。

このように、所有格の関係代名詞は形容詞のカタマリをつくり、かつ直後の名詞とワンセットで使うことがポイントです。

今度は所有格の関係代名詞を使った英文を 2 文に分けてみましょう。このプロセスの理解を通して、英文の仕組みがよりわかるようになります。

The boss is looking for a translator whose first language is Chinese.
※ translator：翻訳家
(和洋女子大)

この英文では先行詞が **a translator** で、後ろの［whose ＋名詞］以降が関係代名詞節で名詞を修飾しています。

The boss is looking for a translator [whose first language is Chinese].

上司は(その人の)第一言語が中国語である翻訳家を探しています。

この英文では first language「第一言語」が 1 つの名詞です。whose first language は「その人の第一言語」の意味です。

これを 2 文に分けると次のようになります。

The boss is looking for a translator.
His / Her first language is Chinese.

先行詞の **a translator** の性別がわからないので、ここでは **His / Her** と両方を入れています。

所有格の代名詞の後にくるのは名詞です。my「私の」は単独で使うことはなく、my name「私の名前」のように使います。your「あなたの」も単独では使わず、your job「あなたの仕事」のように使いますね。したがって、関係代名詞 whose は後ろに名詞を伴います。例を見てみましょう。

このように、2 文に分けてみると、所有格が名詞とワンセットで使われる感覚を理解しやすくなると思います。

さて、ここで少しハイレベルな英文を扱います。所有格の関係代名詞が its の代わりをするものです。

She recommended a great book whose title I cannot remember.
先行詞   o'   s'   v'

これを 2 文に分けると次のようになります。

She recommended a great book. I cannot remember its title .
それのタイトル

a great book「素晴らしい本」を代名詞で受けるときに its が使われているので、意味としては「それのタイトル」となります。この a great book を先行詞として、関係代名詞でつないだものが whose title I cannot remember なのです。

She recommended a great book whose title I cannot remember.
S   V   O   先行詞   o'   s'   v'
彼女は私がそのタイトルを覚えていない素晴らしい本を推薦してくれた。

ちなみに、whose title は先行詞に引っ張られて前に移動したので、後ろに目的語をとるべき他動詞 remember で文が終わっています。関係代名詞は先行詞の直後に置くということを理解しておくことが重要です。

✦ 覚醒POINT ✦

所有格の関係代名詞 whose は名詞とワンセットで使う！

✏️ 目的格の関係代名詞

目的格の関係代名詞は先行詞が物なら which、先行詞が人なら whom を使い
ます。目的格の関係代名詞を理解するカギになるのが他動詞です。
下の例のように、他動詞は後ろに目的語をとる動詞ですね。

- <u>discuss</u> the plan 「計画を話し合う」
- <u>answer</u> the question 「質問に答える」
- <u>enter</u> the room 「部屋に入る」
- <u>mention</u> the matter 「問題に言及する」
- <u>reach</u> the station 「駅に着く」
- <u>visit</u> my grandmother 「祖母を訪ねる」
- <u>meet</u> her 「彼女に会う」

✏️ which

目的格の関係代名詞は先行詞が物のとき、which を使います。下の英文でカギに
なるのは mentioned の役割です。

> This is <u>the book</u> which I mentioned (the other day).
>   先行詞   o'   s'   v'

目的格の関係代名詞の英文をつくるプロセスを見ていきましょう。下のように、2
文のときは mentioned に対する目的語の it がありました。mention は他動詞で
すから目的語が当然あるはずですね。

> This is <u>the book</u>. I mentioned <u>it</u> the other day.
>   具体的な名詞   共通事項の代名詞

この形から、関係代名詞を使って 2 文を 1 文にするときは、1 文目の the book と
共通事項になる 2 文目の it に着目します。the book を先行詞として it を関係代
名詞の which にして先行詞の直後へ移動します。

This is the book which I mentioned ○ the other day.
先行詞   共通事項の代名詞 it を which に変え、先行詞の後に移動

This is the book [which I mentioned (the other day)].
S   V   C   o'   s'   v'   m'
これは私が先日言及した本です。

 ## whom

目的格の関係代名詞は先行詞が人のとき、whom を使います。2 文を 1 文にする
プロセスを見ていきましょう。下の文で、1 文目の名詞 the woman と共通事項に
なる her に注目します。この her は met の目的語です。meet は他動詞なので目
的語が必要です。

I don't know the name of the woman. I met her on campus.
                    具体的な名詞   共通事項の代名詞
私はその女性の名前を知りません。私は彼女にキャンパスで会いました。

この形から、関係代名詞を使って 2 文を 1 文にするときは、共通事項の 1 つ目の
the woman が先行詞となり、目的格の her を関係代名詞の whom にします。
the woman の直後に whom を移動させて完成です。

I don't know the name of the woman whom I met ○ on campus.
先行詞
                    共通事項の代名詞 her を whom に変え、先行詞の後に移動
私はキャンパスで出会った女性の名前を知りません。

whom は最近の英語では口語表現を中心に who で代用されることも増えましたが、
他の単元を学習するときに whom を知らないと理解できない項目が出てきます。いっ
たん先行詞が人の場合の目的格の関係代名詞は whom になるとおさえてしまいま
しょう。

このように、関係代名詞の目的格を用いた文は、関係代名詞の後が不完全文になるのが特徴です。不完全文とは、文の要素で欠けている要素があるものをいいます。

 目的格の関係代名詞 that と目的格の関係代名詞の省略

目的格の関係代名詞は which の代わりに that を使う場合もあります。

これはハイレベルな知識ですが、近年目的格の関係代名詞の制限用法（後ろから名詞に限定的に修飾する用法）では which よりも that が多く使われるというデータもあるので、知識として覚えておいてください。下の文は関係代名詞に which ではなく that を使っています。

> This is the museum [that I visited (last year)].
> これが私が昨年訪れた博物館です。

さらに、会話では次のように that を省略して言うのが普通です。

> This is the museum I visited last year.
> これが私が昨年訪れた博物館です。

the topic we discussed「我々の話し合ったトピック」、the town I visited「私が訪れた町」、the person I admire「私が尊敬する人」のように、**目的格の関係代名詞の省略**が起こることは少なくありません。会話文や長文でもよく出てくる形なので、しっかりとチェックしておきましょう。

✦ 覚醒POINT ✦

目的格の関係代名詞は他動詞の理解がカギ！

(1) 次の英文の空所にあてはまる語を 1 つ選びなさい。

The company seeks an individual (　　) has excellent skills in communication.

a) which　　b) whom　　c) who　　d) in which

(亜細亜大)

(2) 次の英文の空所にあてはまる語を 1 つ選びなさい。

This is a worldwide crisis (　　) will be hard to overcome anytime soon.

a) what　　b) which　　c) where　　d) when

(亜細亜大)

(3) 次の英文の空所にあてはまる語を 1 つ選びなさい。

She is a great pianist (　　) performances always move the audience.

a) that　　b) which　　c) whom　　d) whose

(愛知学院大)

(4) 次の英文の空所にあてはまる語を 1 つ選びなさい。

What's your favorite movie (　　) title begins with the letter S?

a) their　　b) that　　c) whose　　d) its　　e) whom

(防衛大)

(5) 次の英文の空所にあてはまる語を 1 つ選びなさい。

The zoo (　　) I visited last year is famous for its white lion. You should go there.

a) that　　b) what　　c) who　　d) why

(愛知学院大)

(6) 次の英文の空所にあてはまる語を 1 つ選びなさい。

The most important thing we need to (　　) today is next year's budget.

a) discuss　　b) say　　c) speak　　d) talk

(神戸松蔭女子学院大)

解　答

(1)　c)

→先行詞は individual で、空所の直後に動詞の has があります。空所には先行詞が人の場合で主格の関係代名詞を入れればよいので、正解は who です。which は先行詞が物のとき、whom は目的格の関係代名詞、in which は先行詞が物で後ろが完全文のときに使います。

和訳：その会社はコミュニケーション能力に優れた人を求めている。

(2)　b)

→先行詞は物の a worldwide crisis で、空所の直後の will be は動詞です。つまり、空所には先行詞が物で**主格の関係代名詞**である which が入るとわかります。正解は which です。なお、a) what は先行詞がいらない関係代名詞、c) where と d) when は関係副詞なので、後ろは文の要素で欠けている要素のない完全文になります。

和訳：これはすぐに乗り越えるのは難しいであろう世界的危機だ。

(3)　d)

→先行詞は a great pianist です。空所の直後の performances は所有格の欠けた形になっています。この英文では performances が複数名詞なので、無冠詞の名詞であるのは問題ないのですが、2 文を 1 文につなぐ必要があります。所有格の役割をしながら、かつ英文を接続詞のようにつなぐことのできる whose が正解です。

和訳：彼女は（彼女の）演奏が常に観客を感動させる偉大なピアニストです。

(4)　c)

→先行詞が your favorite movie です。空所の直後が無冠詞の名詞の title になっています。冠詞に代わる名詞とセットで使われる所有格や文同士をつなぐ役割の語が必要なので、所有格の関係代名詞の whose が正解です。

和訳：Ｓの文字で始まるタイトルの、あなたの一番好きな映画は何ですか。

(5)　a)

→ visited は**他動詞**で**後ろに目的語をとる動詞**です。今回の last year「昨年」は副詞句なので、文の要素には含めませんから、**目的語の欠落した**不完全文とわかります。なお、先行詞が物で、かつ目的格の関係代名詞として使えるのは that のみです。

和訳：私が昨年訪れた動物園は白いライオンで有名です。君はそこに行くべきだよ。

(6)　a)

→**目的格の関係代名詞の省略**がポイントです。thing と we の間に関係詞が省略されていることを見ぬきます。省略できる関係代名詞は目的格のみなので、空所には目的格を必要とする他動詞が入ります。選択肢の中で他動詞は discuss だけです。正解は discuss です。

和訳：本日我々が話し合う必要のある最も重要なことは来年の予算だ。

関係副詞

関係副詞とは

関係副詞は関係代名詞との識別の観点からよく入試で狙われます。関係代名詞と関係副詞の違いをしっかりおさえていきましょう。

関係副詞は4種類あります。場所の副詞の there の代わりをするのは where、時の副詞の then の代わりをするのは when というように、対応する副詞とともに見ていきましょう。

- ■「場所」　there など　　　　　　→　**where**
- ■「理由」　for this/that reason など　→　**why**
- ■「時」　　then など　　　　　　　→　**when**
- ■「方法」　in this/that way など　　　→　**how**

関係代名詞と関係副詞の違い

完全文とは後ろに文の要素で欠けている要素がないもの、つまり文型が完全に成立しているものをいいます。不完全文とは、文中に欠けている要素があり、文が成立しないものをいいます。

関係代名詞の場合、後ろにはS（主語）、O（目的語）、または所有格の欠けた不完全文が続きます。関係代名詞はこれらの代わりをしているのです。

一方、関係副詞は副詞（句）の代わりになっているため、後ろには文の要素がすべてそろった完全文が続きます。副詞は修飾語句で、文の要素にならないからです。

このように、**関係代名詞の後には不完全文、関係副詞の後には完全文がくる**ということをおさえておくと問題が解きやすくなります。

●関係副詞（後ろが完全文）の例

まず、関係副詞の後に完全文がきていることを確認しましょう。関係副詞 when の先行詞は時を表す語になります。

The time **when** AI will replace humans will come.
人工知能が人間にとって代わる時がやってくるだろう。

この英文では先行詞が The time で when から humans までが形容詞のカタマリ
をつくっています。when の後ろは AI から humans までのカタマリが完全文になっ
ています。
次に why です。why は先行詞に理由を表す the reason などがきます。

This was the reason **why** she was late for the meeting.
これが彼女が会議に遅刻してきた理由だった。

she was late for the meeting が完全文です。

最後に how ですが、最も注意が必要です。

This is **how** she managed to master English.
このようにして彼女は英語を何とか習得した。

This is **the way** she managed to master English.
このようにして彼女は英語を何とか習得した。

理論上は This is the way how she managed to master English. と言っても
問題ないように思えます。先行詞が the way で how から後ろが完全文になってい
ます。ところが the way と how はいずれも方法を表すので、上の2つの文のように、
どちらかを省略して言うほうが自然なのです。これを関係副詞の how の省略といい
ます。

●関係代名詞（後ろが不完全文）の例
次に、後ろに不完全文がくる関係代名詞の文を見ていきます。

This is the famous park **which** I visited last year.
これは私が昨年訪問した有名な公園だ。

which の後の文では visited の目的語が欠け、このままでは文が成立しません。
それを補う形で代用しているのが which です。

This is the famous park **which** I visited ○ last year . ←不完全文

では、問題を解いてみましょう。

次の英文の空所にあてはまる語は which か where のどちらでしょうか。

This is the famous museum（　　）I visited last summer.

先行詞で判断せず、空所以降を見てください。visited は他動詞なので、本来は目的語の it があったはずです。その it の代わりをするのは副詞ではなく代名詞ですから、関係代名詞の **which** が正解です。

和訳は「これは私がこの前の夏に訪れた美術館です」となります。それでは次の英文はどうでしょうか。検証してみましょう。

which か where のどちらが入るでしょうか。

This is the town（　　）William Shakespeare was born.

ここでも着目するのは空所の後ろの形です。William Shakespeare was born が完全文か不完全文か確認します。SV で成立しており、この英文には欠けている要素がありません。正解は関係副詞の **where** です。

This is the town **where** William Shakespeare was born . ←完全文
　　　　　　　　　　　　　　　　s　　　　　　　　　　　v

このように、関係詞以降が完全文になっているときは関係代名詞ではなく、関係副詞を使います。副詞とは本来文の中になくても文型が成立するものなので、仮になくても文の構造に影響をしないのです。

なお、関係副詞もカタマリとしては名詞を修飾する形容詞のカタマリをつくります。

This is the town ［**where** William Shakespeare was born］.
　S　　V　　　C

これはウィリアム・シェイクスピアが生まれた町だ。

✦ 覚醒POINT ✦

関係代名詞と関係副詞は先行詞ではなく、続く節が不完全文か完全文かで識別する！

問 題

(1) 次の英文の空所にあてはまる語を1つ選びなさい。

In remote areas (　　) infrastructure is not fully developed, solar panels are a good way for people to access energy.

a) so that　　b) which　　c) now that　　d) where

（昭和女子大）

(2) 次の日本文が表す意味になるように、[　　]内の語を並べ替えて正しい英文を完成させなさい。

私たちはこのようにして何とか英語のスキルを上達させた。

(　　　　　　　　　　　　　　　　　　　　) English skills.

[the way / to / our / managed / this / improve / is / we]

（関西学院大）

解 答

(1) d)

→空所の直後が**完全文**か**不完全文**か検証すると、後ろが受動態の infrastructure is not fully developed の形になっています。develop は能動態では後ろに目的語を取りますが、受動態では目的語の infrastructure を主語にした形になります。infrastructure is not fully developed は**完全文**です。つまり、先行詞が remote areas でかつ後ろが完全文であることから、空所には**関係副詞**が入ります。正解は where です。

和訳：インフラが完全に整っていない遠い場所では、太陽光パネルは人がエネルギーを得る良い方法だ。

(2) This is the way we managed to improve our

→選択肢には how がありませんから、This is the way SV.「このようにして SV だ」の形を使います。正解は This is the way we managed to improve our English skills. です。[manage to ＋動詞の原形]は「何とかして〜する」というプラスのイメージで使われる熟語です。

等位接続詞

等位接続詞は、単語と単語、フレーズとフレーズ、文と文を対等な関係で結ぶ接続詞です。まずは並列の A and B「A と B」で使われる and と逆接の but「しかし」の理解を深めていきましょう。

等位接続詞の and

まず、等位接続詞 and の使い方を見ていきます。

> ### This room is nice **and** clean.
> この部屋は素敵できれいだ。

nice と clean の品詞は同じ形容詞です。このように、同じ品詞で対等な関係の語が等位接続詞で結ばれた場合は並列関係にあると言います。

なお、3 つ以上並列するとき、and が並列を終える目印になります。

> ### The festival offers music performances, art exhibitions, **and** food stalls.
> 祭りでは音楽の演奏、作品の展示や出店を提供している。

この英文では music performances から並列が始まり、art exhibitions が 2 つ目の並列となり、最後に food stalls が並べられています。この場合、「, (カンマ)」をつけてから and を置くのが自然な書き方です。

並列の and で注意が必要なのが文同士の接続です。下の英文では、Julia studied hard for the test と , and 以降の she was happy to get a high score が対等な関係で結ばれています。この場合、前半と後半の英文には、どちらも SV が必要です。

> ### Julia studied hard for the test, and she was happy to get a high score.
> S　　V　　　　　　　　　　　　　　S　V
> ジュリアはテストに向けて一生懸命勉強し、良い点数が取れてうれしかった。

152

等位接続詞の but

「しかし」という意味を表す等位接続詞 but の使い方の基本を見ていきましょう。下の例文では、but が形容詞の strict と interesting をつないでいます。

> His class was strict **but** interesting.
> 彼の授業は厳しかったが、おもしろかった。

strict「厳しい」ことを伝えながらも、それとは異なる見解の interesting「おもしろい」という要素を加えています。

but は文同士もつなぐことができます。前の文とは対照的な内容が入り、but の後は、特に話者が強調したい内容がきます。マイナスからプラスに話の流れを変える役割があります。

> At first I did not like her **but** I came to like her.
> 最初は私は彼女のことが好きではなかったが、彼女を好きになった。

At first I did not like her で「最初は私は彼女のことが好きではなかった」とありますが、but によって流れが変わり、「彼女を好きになった」という内容がきています。

この英文では At first「最初に」があることから、次に流れを変える内容がくることも予測できます。この At first は順序を表すのではなく、その後の「変化」に関する内容がくることの目印となるのです。

 その他の等位接続詞

(1) **選択の or**

or は「選択」です。「A か B か」という選択をするときによく使います。

> Would you like tea **or** coffee?
> 紅茶かコーヒーはいかがですか。

(2) **因果関係の so**

so は「だから」という意味です。前文に原因がきて、so 以下に結果がきます。「〜なので…だ」と訳すのが一般的です。

> I had a sore throat, **so** I decided to stay home and get some rest.
>
> 私は喉が痛かったので、家にいて休憩をとることにした。

(3) **追加の理由を表す for**

for は理由の追加を表す接続詞です。「というのも〜だからだ」という理由を表します。前文に対して補足的に理由を添えるときに使います。

> I set an alarm, **for** I needed to wake up early.
>
> 私は目覚まし時計をかけた、というのも、早く起きる必要があったからだ。

✦ 覚醒POINT ✦

等位接続詞は文と文、フレーズとフレーズ、単語同士を対等な関係で結ぶ！

| 問　題 |

(1) 次の英文の空所にあてはまる語を 1 つ選びなさい。

A：She really loves dogs!

B：That's true, (　　) did you know that she's allergic?

a) about　　b) besides　　c) but　　d) so

（共立女子大）

(2) 次の英文の空所にあてはまる語を 1 つ選びなさい。

Rising water charges are affecting our company's profits, (　　) we need to take action to cut the cost.

a) so　　b) but　　c) because　　d) since

（宮崎大）

(3) 次の空所にあてはまる語を a) 〜 d) から 1 つ選び、記号で答えなさい。

The actor has to lose some weight before the next performance, (　　) he will be playing the role of a boxer.

a) but　　b) nor　　c) for　　d) so

（亜細亜大）

⑷　次の空所にあてはまる語を a）～ d）から１つ選び、記号で答えなさい。

Are you （　　） the plan or against it?

a） for　　b） in　　c） on　　d） under

（金城学院大）

解　答

(1)　c)

➡ That's true で一度 A の発言を認めつつも、「アレルギーがある」という違う話題を導入しています。話の方向性を変えるときに使う **but** が正解です。

和訳：A：彼女は本当に犬が大好きだ！

B：そのとおりだね、でも犬アレルギーだって知っていましたか。

(2)　a)

➡ **因果関係**がポイントです。前半の内容が原因で、後半の結果になっています。「水の料金の増加で会社の利益が影響を受けている」ということを根拠に、「コストを減らす行動をとる必要がある」という結論を導き出しています。正解は **so** です。

和訳：水の料金が上がっており、会社の利益に影響を及ぼしている。だから、我々はコストを減らすために行動をする必要がある。

(3)　c)

➡ 最初の文で「体重を減らす」ことを述べており、空所以降ではその**補足的な理由**を述べています。文同士を対等な関係で結んでいるので、等位接続詞の **c) for** が正解です。

和訳：その役者は次の演技の前に体重を減らさないといけない、というのも、彼はボクサー役を演じることになっているからだ。

(4)　a)

➡ 等位接続詞の or は「A か B か」という「選択」の意味を表す接続詞です。against it と空所を含むフレーズを「A か B か」という対等な関係で結んでいます。against と対照的な関係になっている前置詞を選びます。正解は「賛成」の意味を表す **a) for** です。

和訳：あなたはその計画に賛成ですか、それとも反対ですか。

従属接続詞

論理関係を表す従属接続詞

because や although、while などの従属接続詞の使い方を見ていきます。
従属接続詞の中身はサブの内容になり、メインの主節の内容に詳しい説明を加えます。
従属接続詞がつくる副詞節は SV の構造を持ち、主節の文全体を修飾する働きをします。

理由を表す because

because は理由「〜なので」を表す従属接続詞です。「sv なので、SV だ」の意味になります。

> He was late for work **because** his alarm didn't go off.
> 目覚まし時計が鳴らなかったので、彼は仕事に遅れた。

He was late for work「彼は仕事に遅れた」、その理由を because 以下で述べています。because から後の内容は後半に持ってくると自然ですが、前半に持ってくることも可能です。

> **Because** his alarm didn't go off, he was late for work.
> 目覚まし時計が鳴らなかったので、彼は仕事に遅れた。

また、Why で質問されたときは Because で答えることが多いですが、この場合、主節は省略されることがあります。主節の情報は話し手と聞き手の間で共通認識になっているからです。

> Why were you absent from school yesterday?
> なぜ昨日学校を欠席したのですか。
> **Because** I was sick in bed.
> (I was absent from school が省略されている)
> 私は病気で寝込んでいたからです。

譲歩を表す although / even though

although「〜だけれども」は譲歩を表す接続詞です。主節のメインの情報を述べる前に、一般論や前提を伝えます。

Although she was tired, she stayed up to finish her homework.
彼女は疲れていたけれども、宿題を終えるために夜ふかしをした。

譲歩を表す接続詞 even though は仮定の内容を表す even if「仮に〜ならば」とは違い、「（実際に）〜だけれども」という意味になります。

Even though he is young, he has already accomplished a lot in his career.
彼は若いけれども、すでに仕事で多くのことを成し遂げてきた。

現実に「彼は若い」という点を強調している譲歩の用法です。

対比を表す while / whereas

while/whereas「〜に対して」は対比を表す接続詞です。主節の内容との違いを対比するときに使います。次の文は「旅行好き」と「家好き」の対比です。

While he likes to travel to new places, his best friend prefers staying home.
彼は新しい場所に旅をするのが好きなのに対して、彼の親友は家にいるのが好きだ。

下の文のように、while が譲歩の意味で使われることもあります。

While I understand your point of view, I still think we should consider other options.
あなたの見解は理解できるが、私はそれでも他の選択肢を考えるべきだと思う。

対比を表す接続詞
- While sv, SV. 「sv に対して、SV だ」
- Whereas sv, SV. 「sv に対して、SV だ」

時や条件を表す従属接続詞

時や条件を表す接続詞の代表的なものに、ifやwhenなどがありますが、入試問題ではその他の表現も狙われます。しっかり整理していきましょう。

 時や条件を表す副詞節のルール

PART3の時制の単元で**時や条件を表す副詞節の中では未来のことでも現在形で表す**というルールを扱いました。条件のバリエーションも含めてチェックしていきましょう。

if〜が「もし〜ならば」という意味で使われているときは副詞節ですが、「〜かどうか」の意味で使われているときは名詞節です。これらの違いをチェックしていきましょう。

(1) **副詞節のif は「もし〜ならば」**

> (If it **rains** tomorrow), I will stay home.
> もし明日雨が降ったら、私は家にいるつもりだ。

この英文中のif は時や条件を表す副詞節を導くif です。ですから、If it will rainではなく、If it rainsと未来のことを現在形で表します。

If it rains tomorrowは主節 I will stay home. の文全体を修飾している副詞節ですから、時や条件を表す副詞節のルールに従って、未来のことでも現在形で表現されているのです。

(2) **名詞節のif は「〜かどうか」**

> Do you know 〈if he will come to the party〉?
> 彼がパーティーに来るかどうか知っていますか。

この英文中のif は名詞節を導くif です。know は他動詞で目的語が必要ですから、if のつくるカタマリは名詞節になります。この場合のif 節は「〜かどうか」という意味です。

これは名詞節なので、時や条件の副詞節の中では未来のことでも現在形で表すというルールには該当しません。**「〜かどうか」の意味になる名詞節のif 節の時制は未来のまま**ということをおさえておきましょう。

このほかにも、時や条件を表す副詞節を導く接続詞に次のようなものがあります。

- unless「〜しない限りは」   - as long as「もし〜しさえすれば」
- in case「万一〜するといけないから」   - provided that「もし〜ならば」

Take an umbrella with you **in case** it rains.
万が一雨が降るといけないから、傘を持っていきなさい。

in case it will rain ではなく、in case it <u>rains</u> になっていることを確認してください。in case の後には「マイナスの条件」がきます。「雨が降るといけないから」「道に迷うといけないから」「忘れるといけないから」など、注意喚起のような内容が入る点をおさえておきましょう。

as long as は条件なので「〜しさえすれば」と理解すれば OK です。限定的な条件を伝えるときに使われる語句です。

As long as you finish your homework, you can play video games.
宿題を終わらせさえすれば、テレビゲームをしてもかまいません。

一方で、as far as は特定の範囲内の事実などを伝えます。「自分の認知に関する限り」が中心で、「知る限り」や As far as **the eye can see**「目の届く限り」、As far as **I'm concerned**「私に関する限りは」などが使われます。

As far as I know, the concert tickets are already sold out.
私の知る限り、コンサートのチケットはすでに売り切れだ。

unless は「〜しない限りは」という否定の条件です。unless 自体が否定の条件なので、副詞節の中では否定語の not などを置くことはできません。

They won't buy the tickets **unless** the prices are reasonable.
彼らは価格が手ごろでない限りはチケットを購入しないだろう。

時の表現は when だけではなく、as soon as「〜するとすぐに」のパターンにも慣れておく必要があります。

> I will contact him **as soon as** I get back from summer camp.
> 夏の合宿から戻ったらすぐに彼に連絡します。

if や unless と同様に、この例文も時や条件を表す副詞節に該当するので、as soon as を含む副詞節は未来のことでも現在形で表しています。時の接続詞のバリエーションを整理しておきましょう。

- before sv「s が v する前に」　■ after sv「s が v する後に」
- until sv「s が v するまでずっと」　■ as soon as sv「s が v するとすぐに」
- by the time sv「s が v する頃までには」

✦ 覚醒POINT ✦

「もし〜ならば」は副詞節、「〜かどうか」は名詞節

| 問　題 |

(1) 次の英文の空所にあてはまる語を書きなさい。

彼は欠点があるけれども、みんな彼が大好きだ。

（　）though he has his（　）, everybody loves him very much.

(学習院大)

(2) 次の日本文の意味になるように、[　]内の語を並べ替えなさい。

彼はイギリス育ちのため、イギリスなまりがある。

He has [a / accent / because / British / brought / he / up / was] in the United Kingdom.

(白百合女子大)

(3) 次の英文の空所にあてはまる語を1つ選びなさい。

Please show your invitation card to the receptionist as（　）as you reach the venue.

a) far　　b) long　　c) soon　　d) well

(東洋英和女学院大)

(4)　次の英文の空所にあてはまる語を 1 つ選びなさい。

I don't mind lending you the bike, (　　) you return it next month.

a) while 　　b) as long as 　　c) as far as 　　d) whenever

（摂南大）

(1)　Even / faults

　➡欠点があるのは事実なので、「(現実に)～だけれども」の意味になる even though を使います。欠点は faults です。空所の 1 つ目には Even、2 つ目には faults が入ります。

(2)　a British accent because he was brought up

　➡「～のため」とあるので、理由を表す接続詞を使うとわかります。「イギリスなまりがある」は He has の後に a British accent を続けます。bring up の熟語の意味は「～を育てる」の意味です。「イギリス育ち」は「イギリスで育てられた」と考えて、was brought up という形を使います。理由を添えるときには because sv となるので、正解は He has [a British accent because he was brought up] in the United Kingdom. です。

(3)　c)

　➡どのタイミングで招待状を見せるのか「時」を伝える必要があります。選択肢の中で as soon as「～するとすぐに」だけが「時」に関する接続詞になっています。c) soon が正解です。

　　a) as far as「～の限りは」
　　b) as long as「～しさえすれば」
　　c) as soon as「～するとすぐに」
　　d) as well as「～と同様に」

　　和訳：開催地に着いたらすぐに受付に招待状を見せてください。

(4)　b)

　➡I don't mind ～. は「～するのを嫌がらない」→「～してもかまわない」の意味です。貸してもかまわない「条件」を伝える必要があるので、as long as「～しさえすれば」が正解です。条件を表す副詞節に該当するので、未来のことでも現在形で表しています。

　　和訳：来月返してくれさえすれば、あなたに自転車を貸してもかまいません。

主張を表す接続詞・接続副詞

筆者の主張を見つけるカギ

接続詞の中には筆者の主張を見つけるのに役立つものがあります。

筆者が言いたいことを述べるときには否定語や接続詞、接続副詞などが使われます。長文問題などでよく使われるものをチェックしていきます。

等位接続詞の慣用表現

not only A は「A だけではない」という意味です。筆者が A は前提として重要だと捉えているときに使います。後ろに but also を伴うパターンが基本です。力点は後半に置かれます。

> The study of literature is **not only** enjoyable, **but** it **also** offers insights into different cultures.
>
> 文学の研究は単に楽しめる**だけではなく**、異なる文化への洞察力を与えて**もくれる**。

> **「A だけではなく B も」の意味になる等位接続詞の慣用表現**
> - not only A but also B
> - not just A but also B
> - not merely A but also B

however / but / nevertheless

however の品詞は副詞です。接続詞の but とは異なり、英文同士をつなぐことはできません。

> Balancing club activities and study may be challenging. **However**, it prepares you for the future.
>
> 部活動と勉強のバランスをとることは難しいかもしれない。**しかしながら**、それは将来の準備になる。

等位接続詞の but は文同士をつなぐことができます。等位接続詞なので、SV の構造を持つ英文が対等な関係で結ばれています。but は文中でも文頭でも使うことができます。

Eating fast food may be convenient, **but** it is not good for your health.
ファストフードを食べるのは便利かもしれないが、健康にはよくない。

Eating fast food may be convenient. **But** it is not good for your health.
ファストフードを食べるのは便利かもしれない。**しかし**、健康にはよくない。

接続副詞の nevertheless は「それにもかかわらず」という意味です。前半で譲歩をした上で、nevertheless 以降にその反論を持ってきます。

Some people may think that university entrance exams only measure memorization skills. **Nevertheless**, they also assess critical thinking and problem-solving abilities.
大学入試が暗記力だけを測ると考える人もいるかもしれない。**それにもかかわらず**、大学入試は批判的思考力や問題解決力も測っているのだ。

✦ 覚醒POINT ✦

however は接続詞ではなく副詞。
文をつなぐことはできない！

(1)　Choose the best word to fill in the blank.

When David set out to fix his old computer, he did not realize that he was attempting to complete something almost（　　　）. However, he did it.

a) imaginable　　　　b) immortal

c) impatient　　　　d) impossible

（京都外国語大）

(2)　空所にあてはまる語を 1 つ選びなさい。

Walking to work not only saves you money,（　　　）it is also good for your health.

a) if　　b) when　　c) because　　d) but

（大阪経済大）

解　答

(1)　d)

→ 空所の後では「成し遂げた」というプラスの内容にするために、However が使われています。つまり、前半では「成し遂げるのが難しいと気づいていなかった」とマイナスの内容が書かれているとわかります。空所には形容詞の impossible「不可能な」が入ります。a) imaginable「想像できる」、b) immortal「不死の」は文意に合わず、c) impatient「がまんできない」はここでは関係のない話になってしまいます。

和訳：デイビッドは古いパソコンを修理し始めたとき、ほぼ不可能なことを成し遂げようとしていると気づいていなかった。しかしながら、彼はやり遂げた。

(2)　d)

→ not only A で「A だけではなく」とあるので、それと対応する but also がくるとわかります。また、文と文を対等な関係で結ぶので、等位接続詞の but が入ります。

和訳：仕事に歩いて行くことはお金の節約になるだけではなく、健康にとっても良い。

比較

比較の応用表現は入試問題で頻出

比較の基本は中学校で学習する内容なので、基本をざっとおさらいした後、入試問題などでよく出題される倍数表現や慣用表現などを学習していきます。

🖍 原級比較

原級比較は2つの物が同じくらいの程度であることを表すときに使います。これは「〜と同じくらい」を表し、［as ＋原級＋ as］の形で使います。否定文は［not as ＋原級＋ as］の形です。

This player is **as tall as** that one.　　that one は that player を表す
　　　　　　　A　　　　　　B
この選手はあの選手と同じくらい背が高い。

This player is **not as tall as** that one.
　　　　　　　　A　　　　　　　B
この選手はあの選手ほど背が高くない。

否定文は、直訳すれば「この選手はあの選手と同じほどには背が高くない」となります。簡単に言うと「この選手はあの選手ほど背が高くない」という意味になります。

🖍 原級比較を使った倍数表現

倍数表現を見ていきます。「〜倍と同じくらい」という内容を原級比較で表現します。2倍なら［twice as ＋原級＋ as］の形を使います。3倍は［three times as ＋原級＋ as］となります。

I have **three times as many cards as** Bob has.
私はボブの3倍カードを持っている。

名詞を伴うパターンでは形容詞とワンセットで使う点にも注意が必要です。2つめの as の後に名詞だけではなく、例文のように SV がくるパターンも要チェックです。使い方を簡単にまとめておきましょう。

倍数	形	意味
1 倍	as 原級 as	～と同じくらい
2 倍	**twice** as 原級 as	～の 2 倍
3 倍	**three times** as 原級 as	～の 3 倍
4 倍	**four times** as 原級 as	～の 4 倍

🖊 名詞を使う倍数表現

最近の入試問題では、これらの比較の言い換えの応用パターンが出題されているので、ここで解説しておきます。

(A)　This tower is about **three times as** high **as** that one.
　　このタワーはあのタワーの約 3 倍高いです。

(B)　This tower is about **three times** the height of that one.

(B) の例文では high という形容詞ではなく height「高さ」という名詞が使われています。as と as の間に入るのは形容詞か副詞ですから、[名詞＋前置詞] の the height of は as と as で挟むことはできません。(A) は「3 倍高いです」という表現なのに対し、(B) は「3 倍の高さです」という表現になっています。

このような品詞の言い換えのパターンは最近の入試でよく出題されるので、以下にまとめておきます。

as 原級 as	the ＋名詞 of	使い方
as large as	the size of	three times the size of ＋名詞 名詞 の 3 倍の大きさ
as many as	the number of	twice the number of ＋名詞 名詞 の 2 倍の数
as high as	the height of	three times the height of ＋名詞 名詞 の 3 倍の高さ

倍数の表現は共通テストの問題ですでに扱われています。数字のからむ問題でさらに重要になりそうなので、この表の内容をしっかりマスターしましょう。

［as ＋原級＋ as possible］の慣用表現

原級を用いた慣用表現を見ていきます。次の例文を見てください。

> Learn grammar as efficiently as possible.
> 文法をできるだけ効率的に学びなさい。

as soon as possible は「できるだけ早く」という意味ですが、これは as soon as の部分が接続詞のように使われていると理解してください。

「Aと同じくらい B」という基本的な原級比較の文では、［as ＋原級＋ as］の後には名詞や代名詞がくることが多いのですが、as soon as possible では、as の後ろに形容詞の possible がきている点が異なります。

ここでも品詞の理解が重要になります。［as ＋原級＋ as］が接続詞として機能しているとわかると、これも省略から生まれた用法だとわかります。省略をきちんとつかむことで、比較の仕組みが見えてくるのです。

> Learn grammar as efficiently as {it is} possible.
> 文法をそれが可能であるくらい効率的に学びなさい。

［as ＋ 原級 ＋ as possible］は［as ＋原級＋ as you can］と言い換えられるとわかります。

> Learn grammar **as efficiently as** you can.
>   s   v

これは you can の後に learn grammar が省略されています。メッセージとしては同じであるものの、それぞれの省略をきちんとつかむことが重要とわかります。

> Learn grammar **as efficiently as** you can {learn grammar}.
>   s   v

これは［as ＋原級＋ as］の基本的な例文でもまったく同じです。

> He is as tall as I am.
> He is as tall as I am {tall}.

as も元は接続詞と同じように使われていたので、I am の後に tall が省略されているのだとわかります。

比較級

比較級比較は 2 つを比べるときに使う表現です。[A is 比較級 than B]「A は B より～だ」は比較級比較の基本形です。

<table>
<tr><td>A</td><td></td><td>B</td></tr>
</table>

This laptop is **smaller than** that one .

このノートパソコンはあのノートパソコンよりも小さいです。

than は「～よりも」という意味で、比較級の直後につきます。形容詞の small には -er をつけて、smaller にします。形容詞の比較級は -er をつけるのが基本ですが、特別なルールもあるので以下に最上級とともにまとめておきます。

ルール	原級	比較級	最上級
① 語尾に -er/ -est をつける	cool	cooler	coolest
	small	smaller	smallest
	old	older	oldest
	young	younger	youngest
② e の後に -r/ st をつける	large	larger	largest
③ 子音＋y は y を i に変えて -er/ est をつける	easy	easier	easiest
	early	earlier	earliest
④ 短母音＋子音字は子音字を重ねて -er/ -est をつける	hot	hotter	hottest
	big	bigger	biggest

以下は形容詞と副詞の**不規則活用**です。

原級	比較級	最上級	意味
good 形	better	best	「良い」
well 副			「上手に」
bad 形	worse	worst	「悪い」
ill 形			「病気の」
many 形	more	most	「多くの」
much 形			
little 形 副	less	least	「少ない」

［A is more 形容詞 than B］のパターンも見ていきます。

> This movie was **more exciting than** the last series .
> この映画は前シリーズよりもわくわくした。

exciting の場合は -er をつけず、前に more を置きます。3 音節以上の形容詞や副詞は more を原級の前に置きます。3 音節以上の形容詞の特徴はもともと名詞や動詞だったものに、接尾辞（単語のおしりについて形容詞の意味を加えるもの）がついて形容詞になっているものが中心です。以下に主なものをまとめておきます。

		原級	比較級	最上級
①	-ful	beautiful	more beautiful	most beautiful
		useful	more useful	most useful
②	-ing	exciting	more exciting	most exciting
		boring	more boring	most boring
③	-ive	creative	more creative	most creative
		impressive	more impressive	most impressive
		expensive	more expensive	most expensive

比較級の比較の注意点

●指示語が使われる

比較級を用いた比較では、反復を避けるため指示語が多用されます。指示語は前に出てきたものと共通する名詞だということをおさえておきましょう。

> the population
> **The population** [of the United States] is larger than that [of Canada].
> アメリカ合衆国の人口はカナダの人口よりも多い。

この英文では that が the population を指しています。

● than 以下の省略

比較対象が明確なときは than 以下を省略します。

> 〈Eating healthy food〉 makes you **stronger** {than you are}.
> 　　　　S　　　　　　　V　　O　　　C
> 健康的な食べものを食べることは体をより丈夫にしてくれる。

「より丈夫」なのは比較対象として明らかに「今のあなたより」という内容があります。このような場合は、**than you are** が省略されます。

また、この英文を少し詳しく見ていくと、主語は動名詞で「健康的な食べものを食べる**こと**」という意味になっています。**make O C** の「O を C にする」では比較級と一緒に使われると、「(現状よりも)より〜にする」の意味になります。

比較級の重要構文

比較の重要構文は慣用表現と呼ばれ、入試などにも出題されます。暗記していないと答えられないものもありますが、まずは英文の「仕組み」から考えていきましょう。

●否定語を使った比較級の重要構文
否定語を使ってプラスの内容を表す表現です。いくつか例を見ていきましょう。

Nothing is **more important** than health.
健康より大切なものは他にない。

「健康より大切なものは他に何もない」ということは、結局「健康が一番大切だ」ということになります。言い換えると

Health is **the most important**.
健康がいちばん大切だ。

ということになります。この Nothing を使った言い方は一見すると難しいですが、慣れてしまえばわかりやすいですね。

Nothing makes me **happier** than reading a good book.
良書を読むことほど私を幸せにするものはない。

この英文も Nothing が主語です。「良書を読むことより私を幸せにするものは何もない」という意味で、簡単に言えば「良書を読むことが一番幸せだ」ということになります。
言い換えると次のようになります。

I am **happiest** when I read a good book.
私は良書を読むときが一番幸せだ。

同一の人や物の比較では、最上級には the をつけません。この場合、誰かほかの人と比べるのではなく、「自分自身の中での比較」なので the をつけません。

Nothing beats it.
何もそれを倒すことができない。→最高だ。

この nothing を使った発想は英語らしいものです。「何も倒せない」ということは暗にそれが「最高だ」と言っているのです。
このほかにも、いくつか例文を見ていきましょう。

A：How are you doing?
B：It couldn't be better.

一見すると、否定文なのでマイナスの内容を言っているように見えます。しかし、実際には「最高だ」という意味を表します。すでに述べたように比較では than 以下が示されないときに「前提」との比較をおこなうという特徴があるからです。上の例文でも同様で、具体的には、It couldn't be better {than it is}.「今より良くなることはありえないだろう」→「最高だ」ということになります。「（この上がないくらい）最高だ」という意味です。

A：How are you doing?　　B：It **couldn't be better**.
A：調子はどうですか。　　B：最高です。

● [the ＋ 比較級〜, the ＋ 比較級 …]
「〜すればするほど（いっそう）…だ」を表す比較の重要構文を見ていきます。

The more you enjoy the class, **the more likely** you are to master it.
授業を楽しめば楽しむほど、それを習得する可能性が高くなる。

冠詞の the は名詞につきます。上の文の the は more についているので、冠詞ではありません。
実は副詞の more「さらに」を修飾しており、この場合の the の品詞は副詞です。また、後半の the は more likely を修飾しているので、形容詞を修飾する副詞になっています。この 2 つ目の the のことを指示副詞の the といいます。

〈考え方のプロセス〉

> You enjoy the class more . You are more likely to master it.
> The more you enjoy the class,
>
> 形容詞が前に移動
>
> the more likely you are ○ to master it.

ここで形容詞が前に移動していることがわかります。**more** は形容詞と相性がよく、前に引っ張ってくる性質を持っています。そこで語順の移動が起こるのです。

この 〈**the ＋比較級**〉は和訳問題などでよく出題されます。特に、語順の移動や省略されている文のカタチが見抜けると大きなアドバンテージになるので、しっかりと理解を深めておきましょう。

別の例を見てみましょう。この英語はどういう意味でしょうか?

> The sooner, the better.

これは有名な格言で「早ければ早いほど良い」という意味です。この英文は次のような構造になっています。

> **The sooner** {it is}**, the better** {it is}.
> それが早ければ早いほど、よりよくなるだろう。

> If it is sooner, it is better.

ここでも省略がポイントです。**it is** という**主語と動詞が省略**されています。本来の仕組みがわかると、慣用表現がラクに覚えられるようになります。

🖊 最上級

最上級はその名のとおり No.1 を表す表現です。「最も〜だ」という意味を表し、3つ以上の比較で使われます。

> He is **the smallest** of the five.　　彼は 5 人の中でいちばん小さい。

the は「例の〜」というときに使うと書きました。これは最上級と一緒に使われます。なぜかと言えば、ナンバーワンの人や物は、多くの人が知っているからです。日本で一番高い山と言えば「富士山」といった具合に、最上級を伝えるときは聞き手と話し手の間で同じ物が浮かぶことがよくあります。

> She is **the youngest** in this team.　彼女はこのチームの中で一番若い。

前置詞の使い分けもチェックしておきましょう。

前置詞	of	in
単　複	複数	単数
用　例	of all「全員の中で」 of the three「3 人の中で」	in this class「このクラスの中で」 in Japan「日本の中で」

最上級では「〜の中で」というときに、of と in の使い分けがあります。**of の後には複数**、**in の後には集団や範囲を表す単数名詞**がくると理解しておいてください。

[one of the 最上級＋複数名詞]の形では、名詞を複数形にするのを忘れないようにしてください。

> Natsume Soseki is **one of the most famous Japanese writers**
> **of all time.**
> 夏目漱石はこれまでで最も有名な日本人作家の一人だ。

仮に皆さんが友達に「日本一有名な作家は？」という質問をしたら、人によっては村上春樹さんというかもしれないし、森鷗外さんという人もいるかもしれません。つまり、複数候補が挙がる人物の中の一人ということなので、**writers** と s がついています。

> ✦ 覚醒POINT ✦
>
> **倍数や慣用表現は英作文対策では必須！**

(1) 日本語の意味を表すように、[   ] 内の語を並べ替えなさい。

私の古い上着は、見た目が兄の新品と同じくらいすてきです。

My old jacket [just / my brother's / as good / new one / looks / as].

（愛知工業大）

(2) 次の空所にあてはまる語を a) 〜 d) から 1 つ選びなさい。

The Burj Khalifa skyscraper in Dubai is about (   ) Osaka's Tsutenkaku Tower.

a) the height of eight times　　b) eight times of the height

c) eight times the height of　　d) the height eight times of

（東海大）

(3) 次の空所にあてはまる語を a) 〜 e) から 1 つ選びなさい。

The population of China is larger than (   ) of any other country.

a) one　　b) that　　c) they　　d) this　　e) those

（九州産業大）

(4) 下線部 (1) 〜 (4) の一つに文法的誤りが含まれている。誤りを正しなさい。

There is (1)much competition between the cities that want to (2)hold the Olympics (3)because the Olympics have become one of the most popular sporting (4)event in the world.

（北星学園大）

(5) 次の空所にあてはまる語を a) 〜 d) から 1 つ選びなさい。

Teacher : How are you feeling today?　Student : Fine! (   )

a) Couldn't be better.　　b) Keep in touch.

c) Exactly.　　d) It's very good to have you here.

（産業能率大）

(6) 次の空所にあてはまる語を a) 〜 d) から 1 つ選びなさい。

The harder you study, (   ) you can achieve your goal.

a) soon　　b) as soon　　c) sooner　　d) the sooner

（中部大）

(1) **looks just as good as my brother's new one**

➡ ［as ＋原級＋ as］を用いた原級比較です。ここで少し難しいのは just の位置です。just は「ちょうど」の意味で、この英文では［as ＋原級＋ as］を強調しています。原級比較の部分は as good as を使えば OK です。正解は My old jacket looks just as good as my brother's new one. となります。

(2) **c)**

➡新傾向の倍数表現の応用問題です。原級を使った比較だと about eight times as high as ～となります。ところが今回は名詞の the height を使っているので、［eight times the height of 名詞］のパターンを使います。正解は eight times the height of です。

和訳：ドバイにあるブルジュ・ハリファの高層ビルは大阪の通天閣の約 8 倍の高さだ。

(3) **b)**

➡ the population が共通の内容になっています。同じ比較対象があるときは代用の that を使います。比較級の larger than は「より多い」の意味です。large は人口が多いときにも使われます。

和訳：中国の人口は他のどの国の人口よりも多い。

(4) (4) **event → events**

➡正誤問題です。the most popular は最上級で「最も人気のある」の意味です。［one of the 最上級＋複数名詞］の形は「世界で最も人気のあるスポーツイベントの 1 つ」の意味です。世界で人気のあるイベントは他にも多くあり、人によって判断基準が異なります。そこで「～のうちの 1 つ」という言い方が重要なのです。event ではなく events が正解です。

和訳：オリンピックは世界の最も人気のあるスポーツイベントの 1 つになっているので、オリンピックを開催したい都市の間には多くの競争がある。

(5) **a)**

➡先生と生徒の会話です。先生は「今日の調子はどうか」と尋ねています。それに対して生徒は Fine!「いいです」と答えているので、ここではプラスの内容が空所に入るとわかります。Couldn't be better.「絶好調です」が正解です。なお、これは It couldn't be better. の It が口語表現のため省略されたものです。b) は「連絡をください」、c) は「そのとおり」、d) は「ここに来てくださり本当にうれしいです」の意味です。

和訳：先生：今日の調子はどうですか？／生徒：良いです。絶好調です。

(6) **d)**

➡ ［The ＋比較級, the ＋比較級］の問題です。The は副詞で harder にかかっています。「一生懸命勉強すればするほど」の意味です。空所に入るのはそれに対応する指示副詞の the なので、正解は the sooner となります。

和訳：一生懸命勉強すればするほど、いっそう早く目標を達成できる。

不規則動詞活用チェック

次の不規則動詞の活用表の空欄を埋めて、不規則動詞を覚えているかどうかチェックしてみてください。解答は不規則動詞活用表（p.179 〜 181）を参照してください。

A-A-A 型

原形	過去形	過去分詞形	-ing 形
hit（打つ）	（　　　　　）	（　　　　　）	（　　　　　）
put（置く）	（　　　　　）	（　　　　　）	（　　　　　）
cut（切る）	（　　　　　）	（　　　　　）	（　　　　　）
set（配置する）	（　　　　　）	（　　　　　）	（　　　　　）
read（読む）	（　　　　　） 発音 [red]「赤」 と同じ発音	（　　　　　） 発音 [red]「赤」 と同じ発音	（　　　　　）

A-B-A 型

原形	過去形	過去分詞形	-ing 形
come（来る）	（　　　　　）	（　　　　　）	（　　　　　）
become（なる）	（　　　　　）	（　　　　　）	（　　　　　）
run（走る）	（　　　　　） [ræn][レアン]に 近い発音	（　　　　　）	（　　　　　） 短母音＋子音字は 子音字を重ねて -ing

A-B-B 型

原形	過去形	過去分詞形	-ing 形
have（持っている）	( )	( )	( )
hear（聞こえる）	( )	( )	( )
build（建てる）	( )	( )	( )
buy（買う）	( )	( )	( )
bring（持ってくる）	( )	( )	( )
catch（捕まえる）	( )	( )	( )
think（考える）	( )	( )	( )
teach（教える）	( )	( )	( )
find（見つける）	( )	( )	( )
pay（払う）	( )	( )	( )
say（言う）	( )	( )	( )
make（つくる）	( )	( )	( )
keep（保つ）	( )	( )	( )
leave（去る）	( )	( )	( )
stand（立つ）	( )	( )	( )
understand（理解する）	( )	( )	( )
get（手に入れる）	( )	( ) / ( )	( )
forget（忘れる）	( )	( ) / ( )	( )
meet（会う）	( )	( )	( )
lose（負ける）	( )	( )	( )
win（勝つ）	( )	( )	( )

A-B-C 型

原形	過去形	過去分詞形	-ing 形
be （～である）	(　　)/(　　)	(　　　　)	(　　　　)
begin（始める）	(　　　　)	(　　　　)	(　　　　)
break（壊す）	(　　　　)	(　　　　)	(　　　　)
choose（選ぶ）	(　　　　)	(　　　　)	(　　　　)
do（する）	(　　　　)	(　　　　)	(　　　　)
drink（飲む）	(　　　　)	(　　　　)	(　　　　)
give（与える）	(　　　　)	(　　　　)	(　　　　)
ride（乗る）	(　　　　)	(　　　　)	(　　　　)
drive（運転する）	(　　　　)	(　　　　)	(　　　　)
eat（食べる）	(　　　　)	(　　　　)	(　　　　)
write（書く）	(　　　　)	(　　　　)	(　　　　)
go（行く）	(　　　　)	(　　　　)	(　　　　)
know（知る）	(　　　　)	(　　　　)	(　　　　)
take（取る）	(　　　　)	(　　　　)	(　　　　)
mistake（間違う）	(　　　　)	(　　　　)	(　　　　)
see（見える）	(　　　　)	(　　　　)	(　　　　)
show（示す）	(　　　　)	(　　　　)	(　　　　)
sing（歌う）	(　　　　)	(　　　　)	(　　　　)
speak（話す）	(　　　　)	(　　　　)	(　　　　)

不規則動詞活用表

A-A-A 型

原形	過去形	過去分詞形	-ing 形
hit（打つ）	hit	hit	hitting
put（置く）	put	put	putting
cut（切る）	cut	cut	cutting
set（配置する）	set	set	setting
read（読む）	read 発音［red］「赤」 と同じ発音	read 発音［red］「赤」 と同じ発音	reading

A-B-A 型

原形	過去形	過去分詞形	-ing 形
come（来る）	came	come	coming -e をとって -ing
become（なる）	became	become	becoming -e をとって -ing
run（走る）	ran ［ræn］［レアン］に 近い発音	run	running 短母音＋子音字は 子音字を重ねて -ing

A-B-B 型

原形	過去形	過去分詞形	-ing 形
have（持っている）	had	had	having
hear（聞こえる）	heard	heard	hearing
build（建てる）	built	built	building
buy（買う）	bought	bought	buying
bring（持ってくる）	brought	brought	bringing
catch（捕まえる）	caught	caught	catching
think（考える）	thought	thought	thinking
teach（教える）	taught	taught	teaching
find（見つける）	found	found	finding
pay（払う）	paid	paid	paying
say（言う）	said	said	saying
make（つくる）	made	made	making
keep（保つ）	kept	kept	keeping
leave（去る）	left	left	leaving
stand（立つ）	stood	stood	standing
understand（理解する）	understood	understood	understanding
get（手に入れる）	got	got / gotten	getting
forget（忘れる）	forgot	forgot / forgotten	forgetting
meet（会う）	met	met	meeting
lose（負ける）	lost	lost	losing
win（勝つ）	won	won	winning

A-B-C 型

原形	過去形	過去分詞形	-ing 形
be （〜である）	was / were	been	being
begin（始める）	began	begun	beginning
break（壊す）	broke	broken	breaking
choose（選ぶ）	chose	chosen	choosing
do（する）	did	done	doing
drink（飲む）	drank	drunk	drinking
give（与える）	gave	given	giving
ride（乗る）	rode	ridden	riding
drive（運転する）	drove	driven	driving
eat（食べる）	ate	eaten	eating
write（書く）	wrote	written	writing
go（行く）	went	gone	going
know（知る）	knew	known	knowing
take（取る）	took	taken	taking
mistake（間違う）	mistook	mistaken	mistaking
see（見える）	saw	seen	seeing
show（示す）	showed	shown	showing
sing（歌う）	sang	sung	singing
speak（話す）	spoke	spoken	speaking

おわりに

皆さん、お疲れさまでした！

英文法のルールの地図が見えてきて、次に進むべき方針が気になる頃かもしれません。そんな皆さんがさらなる学習を深めることができるように、以下の勉強ガイドを参考にしてください。

① 英単語

英単語は大学入試レベルのものはどの本も 2000 語くらいを新たに覚えるつくりになっています。覚えにくい時には、「語源・画像検索・ChatGPT などで自分の実感のわく例文の追加」をすることによって力がつきます。記憶を補強するために、何か特別な体験を加えると忘れなくなるのです。関正生先生の『Stock 4500』（文英堂）は覚えるためのコメントもあり、記憶のフックがあってオススメです。

② 英熟語

前置詞の強化は「イディオム」と共に知識をつけるのが最適です。はじめの 1 冊としては清川舞先生とクリス・コルチ先生の『丸暗記ゼロのイディオムマスター』（河合出版）に取り組むとイディオム暗記が楽しくなります。イディオムに詳しい解説がついており、入試問題で演習もできるので、ダントツでオススメの本です。

③ 文法・語法のアウトプット

本書で「英文法がわかる感動」を味わっていただいた後、さらにレベルアップを目指す人は「ドリル形式」の本で知識の定着をはかっていきましょう。拙著『ここからはじめる英文法ドリル』（Gakken）が講義と知識の定着の橋渡しにオススメです。1 か月で仕上げられる本なので、さらに上を目指してみてください。また、動詞や形容詞などの使い方に関する語法については肘井学先生の『高校の英文法・語法が 1 冊でしっかりわかる本』（かんき出版）が体系的に学べて良いと思います。

④ 英文解釈・長文入門

現在の入試は文法単独の問題が出る場合を除くと、「英文読解」や「英作文」で文法の知識が必要なものが多くなっています。拙著『ここからつなげる英文法ドリル』（Gakken）は英文解釈にもつなげやすく、文法の識別というテーマを扱っているので、

総合力を強化していくのに最適です。また、1文1文の精読の力をつけるには、まず基礎レベルとして岡崎修平先生の『動画でわかる英文法（読解入門編）』（旺文社）がオススメです。わからないところは動画で補強ができる本です。

⑤　英作文入門

まずは本書で扱った例文については完璧に仕上げましょう。その上で、さらにレベルアップしたい人は拙著『英作文トレーニングドリル Transform』（Gakken）がオススメです。この本で扱った文法事項をどのように英作文に活かすかという点からスタートするので、英作文が必要な全受験生に推薦します。

本書をきっかけにさらなる飛躍につながることを応援しています。

本書の出版ではかんき出版の編集担当の方にお世話になりました。心よりお礼申し上げます。

また、企画段階で「同じシリーズを書きましょう」と現代文の柳生好之先生に後押ししていただきました。さらに本書の企画書に目を通して有益なアドバイスをくださった、関正生先生にも深く感謝しております。

この本の執筆中、思い出すのは自分自身が泥臭く勉強してきた日々と、僕の講義を受けてくれた生徒たちの顔でした。僕の本は授業を支持してくれ、素晴らしい報告をしてくれた生徒の皆さんの頑張りが後押ししてくれたものに他なりません。そんなこともあり、読み終えたみなさんに英語の覚醒が訪れたらそれが僕の大いなる喜びです。

映像授業やAIの発展によって、今後もますます皆さんの学習環境は整っていきます。ところがその反面、自分で考える前に答えが出ることも増えていくことでしょう。

英語というのは皆さんに物事をじっくり考察し、考える力をつけてくれる科目ですから、それらの経験が今後の糧になることでしょう。

今の時代にあえて「本」という媒体で皆さんの手に届けることには大きな意味があります。自分で本に書き込み、声に出したという経験値は何物にも代えがたい財産になります。僕は本が持つ無限の可能性を信じているので、本書を終えた皆さんが自分自身の力で無限の可能性を広げてもらえたら、この上ない喜びです。

土岐田　健太

【著者紹介】

土岐田 健太 （ときた・けんた）

●——東進ハイスクール・東進衛星予備校英語科講師。河合塾英語科講師。株式会社トキタ代表取締役。英語コーチングスクールLibarts代表。

●——上智大学文学部英文学科卒業（極めて優秀な学生に授与される学業奨励賞を受賞）。上智大学大学院文学研究科英米文学専攻博士前期課程修了。TOEIC L&Rテスト990点満点取得。英検1級取得。

●——慶應義塾高等学校英語科教諭を経て、全国規模の英語講師のキャリアを本格的にスタートさせる。出講した予備校では1年目から満席や満足度100%を記録している。20代の頃に英語講師オーディションを勝ち抜き、東進ハイスクールの映像授業に多数出演。早慶上智大や難関国立大を志望する生徒から絶大な支持を得ている。中高一貫校生向けのハイレベル英語から大学生向けのIELTSやTOEFL対策の入門講義も担当している。

●——主な著書に『土岐田のここからはじめる英文法ドリル』『土岐田のここからつなげる英文法ドリル』『英作文トレーニングドリルTransform』『1回1分でサッとおさらい！マンガでゆるっと英語』（以上Gakken）『ビジネスに効く！英語の教養』（ビジネス社）、『関正生の英語リスニングプラチナルール』（共著／KADOKAWA）などがある。著作は海外でも翻訳・出版されている。

明日を変える。未来が変わる。

マイナス60度にもなる環境を生き抜くために、たくさんの力を蓄えているペンギン。
マナPenくんは、知識と知恵を蓄え、自らのペンの力で未来を切り拓く皆さんを応援します。

大学入試 ゼロから覚醒 はじめよう英文法

2024年2月19日　第1刷発行

著　者——土岐田　健太

発行者——齊藤　龍男

発行所——株式会社かんき出版
　　　　　東京都千代田区麹町4-1-4 西脇ビル　〒102-0083
　　　　　電話　営業部：03(3262)8011(代)　編集部：03(3262)8012(代)
　　　　　FAX　03(3234)4421　　　　　　振替　00100-2-62304
　　　　　https://kanki-pub.co.jp/

印刷所——シナノ書籍印刷株式会社